数字出版与长尾理论

陈颖青 著

华夏出版社
HUAXIA PUBLISHING HOUSE

目 录

"数字新世界"系列出版的话　1

增订版自序　3

自序　如果电子书不来就我　9

第一章　电子书再思考　1

纸质书到底会不会消失？　1

电子书生死之谜　7

电子书的微型化障碍　13

情报狂与美食家：线上与纸本的阅读差别　16

不可能的电子书商业模式　21

只见电子不见书　24

为什么台湾能上架的电子书这么少？　28

第二章　出版产业真正的麻烦　37

从"老猫学出版"到"内容推进实验室"　37

电子书产业链将如何诞生　40

美国新书出版大爆发　46

数字冲击下的台湾出版产业危机　49

好消息是电子书不会淘汰出版业，但坏消息是　53

电子书会活下去，但电子书阅读器？　57

第三章　产业将如何转型　61

出版业是不是夕阳产业？　61

白话Google Books争议　65

作者大爆发与"出版社时代"的终结　68

昨日所说的，今朝都到了眼前　74

出版产业链重组效应：经纪人　75

如果出版社会没落，出书的品质谁来把关？　78

如何让电子书内容可以大量诞生？　83

"独立选书人"的诞生　91

第四章　出版业者应该怎么做？　97

出版社的终极问题：内容是谁的？　97

重新定义出版业：蓝海在哪里？　100

建立以自由复制为动力的数字出版产业　106

现代文字工作者必须知道的UTF-8　112
为什么"EP同步"好像很困难？　115
为什么"EP同步"其实很简单？　120

第五章 "阅读行为"的数字思考　123

"时序"网站的力量及其不满　123
傻瓜界面的力量：MOD vs. 有线电视　127
挖猫沙与"免换页的阅读界面"　131
停止购买实体报纸两月记　133
晚报的翻身与事件追从序列　137
长尾长，长尾棒，长尾需要好国王：时间性长尾的价值　141

"数字新世界"系列出版的话

数字科技像空气一样,一转瞬就充满了我们生活的每个角落。工作、学习、娱乐、理财、居家、出游、沟通、传情、兼差、谋生、犯罪等,没有一种媒体的发明像数字科技这样无缝深入。

美国史学大师巴赞在他的经典名著《从黎明到衰落》中说,这个时代有一个新阶级叫做"数字人(Cybernist)",他们的角色跟中世纪的教会神职人员一样,各机构制度的主管及领袖皆从这个阶级产生。巴森在一九九九年写出这段话的时候,Google尚未诞生,然而十年过后,现在全世界市值上升最快的公司,让最多年轻人快速致富的行业,全都来自这里。

数字世界本来是人类的新边疆,但很快的它已经变成我们的现实。英特尔的葛洛夫说"所有公司都会变成网络公司",我们不只架博客、上噗浪、开脸书，我们也要开始烦恼新开拍的电影如何找到观众，老家日渐萧条的手工制品如何找到新爱好者，旧媒体如何找寻新读者，救灾体系如何不要被乡民在一天之内架设的网站所淘汰。

旧时代的服务、沟通、组织必须现在就跨入新世界，而我们只有很少数人熟悉数字世界的游戏规则。如果有所谓数字落差，那不只存在于城乡之间，更重要的是存在于旧部门、旧市场、旧主管、旧官僚对新世界的陌生。

你不需要开始学程序设计，但你应该开始熟悉数字世界运作的原理，以及如何进入的方法。这是"数字新世界"系列为什么会诞生的原因。

增订版自序

这两年的出版业真是让从业人员胆颤心惊。一下子亚马逊的点火电子书阅读器(Kindle)暴红了,一下子全世界都在做电子书了,一下子刚刚还在嘲笑亚马逊的苹果公司,转眼就推出iPad加上全套网上书城、付费下载的商业模式了(这模式不跟亚马逊一模一样吗?)。

图书出版这一行好不容易度过了五百年慢慢演进的悠闲岁月,转眼就被数字浪潮冲进了一个超高速运转的世界。数字厂商不断推出新名词、新技术、新平台、新机器,我们真的要从安步当车的时代,转向新科技役使的陌生地吗?编辑要开始像"唉踢"(IT)业者一样天天面对新事物吗?

本书想提出的解答,既是"是",也是"不是"。

"是"的是,数字冲击是必然要面对的现实,那不只是未来会怎样，而是现在已经发生，你打算怎么办（见本书第一章）；"不是"的则是，我总是在各种纷乱的冲击中，找到对出版、编辑工作更本质的理解，外在冲击正好是刺激我们探问，哪些才是可以安身立命的价值（见本书第三章）。

安身立命？听起来好像励志书？不，这当然不是励志书，我只是希望在纷纷出厂的新事物里，让我们这些习惯了五百年纸质书老科技的编辑，能够顺利适应新科技的挑战。新科技并不会取消出版活动，但新科技确实动摇了五百年来日趋稳固（或者说僵化）的产业结构（见本书第二章）。

眼前的坏消息是，出版产业正在经历一场前所未有的利益重分配。产业链上传统的参与者，有的大幅扩张分配的权利（如作者）；有的完全被排除参与分配的资格（如中盘）；出版社和编辑到底会在哪一边呢？相对的，好消息则是，经过数字因素的冲击，我们才有办法重新理解我们做的事情，到底哪些是永恒不变的，哪些是随波逐流的（见本书第三章）。

执著在纸张上是过去我们生存的关键，如果纸张不再是书的重要特征，我们的旧知识和旧能力就到了必须重新盘点的时候了（见本书第三章）。

许多人觉得数字技术距离自己太遥远。距离当然是有点远，但这个距离和我们自以为很熟悉的印刷科技之间，恐怕也没有想象的远。印刷虽然古老，但我们并不真的知道如何印刷。把你派遣到印刷厂去，多半时候我们也只能干瞪眼不知道能做什么。全台湾也没有那一家出版社会在自家社内养着一个印刷工厂。

我们自以为可以掌握印刷科技，是因为我们知道印刷可以做什么事，可以找谁做——在我们的预算、品质和时间要求之下。数字科技同样也可以作如是观。你并不真的需要开始去学习写程序，架主机，你只需要懂得驾驭，知道数字科技可以做什么事，可以找谁做——在我们的预算、品质和时间要求之下。这没有想象中难。只是还有太多新的技术供应商尚未成熟，新的商业模式尚待实验罢了。

如何从纸张过渡到数字，只是光焦虑不能解决问题。我们真正应该焦虑的事情，可能反而跟最热闹的新闻事件没什么关系。电子书很热门，那又如何？如果我们手上根本也没有多少可以授权的书单，那么我们该烦恼的事情就不是电子书，而是我们如何持有内容（见本书第四章）。我们的工作到底是协助作者出书呢？还是寻找跟社会对话的议题？或者是把书铺货到书店呢？千言万语，最后我们会发现，真正要面对的问题，就是如何重新定义我们所从事的行业（见本书第四章）。

本书在今年2010年初曾经以电子书版本首发。同样的内容我们做了三种档案格式、四种规格，上架到六个电子书交易平台上。三个月下来，付费下载的总数不超过五十份，连我们配合发行而举办的收费讲座，上课学员都比这个数字更多（讲座收费还比电子书定价高四倍）。

这个测试告诉我们，电子书在台湾显然是个尚未成熟的市场，业界对这个事情非常关切，但是能够上网、注册、购买、完成电子书交易的读者，显然还相对不足。这是我们为什么要推出纸版《数字出版与长尾理论》的缘故。我希望这本书不只有分析问题的价值，也有实用的功能，能够让我们找到新时代可以继续生存、工作的方法。

自序

如果电子书不来迁就我……

按：本文是电子版的自序，存真起见，纸版仍然保留。

写了几篇讨论电子书和数字世界对产业的冲击以后，有一天，公司同事忽然神秘兮兮地说，她打算收集我的文章出一本《数字出版与长尾理论》的书。一时间我脑袋转不过来，出一本书？虽然我对这个题目自认还算有点见解，但相关主题加一加总共也不过写了两、三万字吧，这样出书不会太少了吗？字数多少不是重点，重点是很多同行编辑对这件事很焦虑，你的见解应该要让更多人知道，出书是个推广的方法。同事说："好吧，既然要出书，而且是出一本谈数字的书，我们干脆就直接推出电子书吧。一本彻头彻尾以电子版发行上市，完全不从纸版转档的，一本原生的电子书。"

这就是你现在看到的这本《数字出版与长尾理论》为什么会出现并且长成这个模样的原因。

电子书有很多好处，其中之一是你不需要为了凑页数，把一万字可以说完的话，勉强加油添醋，多挤出五万字来。如果一个题目三万个字可以表达，我们就用三万字处理；给它一个好架构，让它的逻辑层次清楚明白，让读者可以顺利阅读、理解你想说的话。

直接推出电子版的决定，让我松了一口气，不用烦恼字数会不会太少，也让我们有机会实验"推出一本电子书"，跟推出一本纸本书，到底有何不同。

过去在纸质书时代，我们评价一本书有时很容易会被外观误导。封面、装帧、厚薄等等，纸质书的"物质性"常常让我们误以为，看起来像书的东西，里面的内容应该就会像正常书一样具有价值，值得阅读。任何作者只要出版一本有模有样的书，我们常常就会上当，以为这个人必然有料。

到了电子书时代,这件事情有了有趣的转变。出版电子书的成本确实比纸质书便宜太多,这会让更多真真假假、好好坏坏的内容,更容易出版成(电子)书。

但从另一方面而言,电子书时代的读者因为不再有外观特征可供依赖,所以我们得学习如何更准确地评价内容。这算是个好消息。电子书必须在品质上足以称为一本书,不然读者会比对待纸质书更小心,更不敢轻易阅读一本电子书(即使是免费的)。

纸质书由于篇幅的限制,不能太厚也不能太薄,厚的书太贵,薄的书难以上架,这些问题都是"纸张是实体物质"所致。甚至在联合国的行政定义里,只有五十页以上的才能叫做书,四十九页以下则只能称为小册。电子书时代这种定义就会显得荒唐,此时电子书会更讲究"作为一本书"的价值问题,而不是问一本书页数有没有符合条件。

没有物质问题的电子书,可以无所顾虑地超越纸质书的物质限制,不需要为了符合纸质书发行的物质条件而大量灌水,或不敢出书。

所以你现在看到的这一本《数字出版与长尾理论》，虽然是博客文章结集而来，但我确实颇花了一些力气思考，如何让零散的篇章，能够聚集在一个有力量的诠释架构底下，清楚地表达我想解释的问题。

我相信现在呈现在这里的是一个简单、明白、清楚的诠释架构。

收在这里的文字，有些也曾经收在我的上一本书《老猫学出版》里面，若依照纸质书惯例，不宜再收在其他书里（因为会有灌水嫌疑），但在这个电子书版《数字出版与长尾理论》里，为了整体架构所需，还是重复收了几篇。目的是让本书叙述更完整，而不是希望页数可以增加。

事实上我在实际编辑电子书的经验上显示，"页数"对电子书而言，几乎已经没有太多意义了。一方面页数多寡不会对一个电子档案有任何视觉差别；另一方面电子书因为要适应不同屏幕大小的缘故，同一份档案在不同电脑不同屏幕大小下阅读，常常就会得到不同的页数。

所以在电子书时代，我们引证说某一段文字出自"某某书第几页"，那可能是个误导的指引，因为其他人可能会在其他页面才看得到你说的文字（也许新时代注明出处的方法可能要回归古老的圣经方法。当你说"请看《创世记》第六章第二节"的时候，每个人都会知道你说的是哪一句经文，不会混淆）。

电子书一定和纸质书不同，这是一个实验，也是一个整理，希望对所有徬徨在产业明天的朋友都能有帮助。

穆罕默德说："如果山不来迁就我，我便去就山。"电子书和数字时代对出版产业的冲击，现在也像那浮现在地平线上的山了，这本书就当是我们准备爬山的草稿吧。

老猫陈颖青　序于台北

追从老猫的产业情报

内容推进实验室：http://www.contnt.net/

RSS：http://feeds.feedburner.com/contnt

老猫的推特：http://twitter.com/octw

第一章　电子书再思考

电子书成为我们注意的焦点,但电子书到底在本质上跟纸质书有什么差别呢?

纸质书到底会不会消失?

许多人欢迎电子书,希望数字世界尽快到来;也有许多人忧虑纸质书的命运,担心未来如果书被取代了,生命中的一段美好记忆将成为绝响。

纸质书到底会不会消失呢?对这个问题我没有特定偏好,反正该来的躲不掉,不该来的则一点也不需烦恼。我们唯一要做的是未雨绸缪,认真面对。以下把我这几年思考、观察的重点记录下来。

一、加上声光动画游戏音效的电子书,不算书文字可以传达的精致复杂，跟影音可以传达的事物非常不同，大部分书不仰赖影音特效就有独特的魅力，你在读金庸小说时获得的满足，跟欣赏改编的连续剧可能天差地别。光碟式的电子书曾经流行过一阵子，最后他们退守到幼教软件和电子游戏的市场上。那些原本就不是图书的主流市场。所以数字化的影音特效也许可以取代电视，但应该取代不了书。

二、数字内容一定会取代纸张的地方：时效资讯和快速检索

线上的时效型资讯冲击报纸、杂志，最后也会影响图书。尽管比例没有那么严重，但未来时效型纸质书市场应该会逐渐消失，被数字化内容所淘汰。

检索型资讯包括百科全书、字典、操作手册等。纸张的百科全书已经完全无力回天，字典产业则在最后的挣扎中。事实上字典商愈抗拒网络化，反而愈加速衰亡，每个搜寻引擎都会因为没有好的线上字典方案，而来抢占这个市场。

纸张在时效资讯和快速检索上，完全不是电脑的对手，但要注意的是，纸质书市场在这里不是被电子版淘汰，而是被各种网络服务（包括博客）和资料库所支解。

三、数字内容目前无法取代纸张的地方：阅读体验和大脑独占

纸质书是个超过五百年历史的老科技，但纸质书的阅读体验，至今没有任何高科技装置能够比拟。

超高解析度、画面稳定不闪烁、便宜、耐摔耐撞、免开机、永不当机、永远不必换电池、可以折角、画重点、写眉批、转手送人不肉痛、储存期限长达二百年、使用者界面非常直观不必学习、携带方便、有油墨香气、可以拿来盖泡面碗……

所有这些特色造成纸质书独特的阅读体验，大部分科技产品只能模仿几项，而无法完全复制，其中有好几项是任何科技产品都无法复制的。即使谈可以复制的项目，例如解析度，纸张所能做到的成就，也远远出乎我们意料。

一般纸质书上的黑白文字，大概都有超过1200DPI的解析度，屏幕制造商现在做不出这么高的解析度，甚至未来他们恐怕也办不到。不是科技问题，而是现实问题。因为用72DPI屏幕看DVD已经非常足够，既然影音市场的规模可比纯文字大得多，制造商很难有动力提升十倍以上的解析度，只为了满足黑白文字的显示。这种屏幕即使技术上办得到，但最后可能也无法量产。

纸质书的特色所产生的阅读体验，至今我们恐怕仍然研究得太少。

关于大脑独占，这个讨论我很少在其他地方看到。也许值得我们从麦克卢汉的"冷媒体"和"热媒体"讲起。

在麦老的观点里，冷媒体需要人类全神投入，而热媒体反之。如果我们把人类当受词，那么冷媒体的意思就是它会独占人类大脑的注意力。以这个定义看，纸质书是标准的冷媒体（而麦老这本《认识媒体》则是冷媒中最冷的一类），读书的时候，它完全占有读者的心智和情感。

你读书的时候不能分心二用，不像听音乐，你可以一边跑步一边听、一边拖地一边听。而纸本书不但在心智上独占我们，在肉体上也一样专制：你的手得要用来固定书页，你的身体必须静止不动，不然眼睛就看不清书页内容。

纸质书的独占性逼迫我们要找一个不受干扰的空间读书。而网络空间则到处充满了干扰，上MSN会跳出信息提示，新闻网站、电邮信箱、上网竞标、看看博客有没有信件要回……你在网上有太多事情可做，太多诱惑让你在网上冲浪，忘记原本要做的事，包括读书。所以即使是原汁原味的纸质书内容一旦上网，你读起来滋味总是不同。

纸质书的低科技，缺乏超链结能力，逼迫我们专注其上，因此反而提升了阅读体验。这是冷媒体的效应。任何数字版本，功能愈多，热量就愈高，因此也就完全无法重现纸质书的价值。

四、纸质书最后的堡垒：长篇

任何需要细致阅读体验的题材，将成为纸质书最后的堡垒，这些包括长篇小说以及长篇论证。如果有一个作品，需要读者投注很长一段时间、很专注地思考、沉浸、陶醉或体会，那么他几乎没有别的选择，只能读书，而且是纸质书。数字环境完全无法提供相同的阅读体验。

五、但最大的变化可能尚未出现

当读者花费大部分时间留连网上，就会促使媒体之间开展对眼球的争夺。从这个角度看，纸质书在这一百多年来，面对的竞争对手可谓繁多，从报纸、杂志、广播、电视、电玩、游乐场到网络都是。取代早已一点一滴发生，不只是数字媒体。

纸质书最后会不会消失，不是因为数字媒体更快、更容易检索，或充满更多声光特效，这些事情不会毁灭纸质书存在的价值（反而更证明纸质书的无法取代）。

唯一会使纸质书崩溃的，是我们丧失了对纸质书阅读体验的记忆。不只是纸张的香氛，或翻页的触感，而是那一段无干扰的陷入，与整个过程所推动的、我们心智的变化。

电子书生死之谜

"电子书已死!"投注十七年心力研发电子书的明日工作室创办人温世仁,昨天宣称电子书之路是一条死胡同。过去十七年,英业达投注十几亿元研发"电子书"。但因电子书使用者必须另外购买平台和软件,还要随身携带两者才可阅读,并不方便,加上版权取得困难,温世仁说:"电子书已死,我们承认走错路了。"

(二〇〇三年六月十三日 "联合报"、"民生报")

"现代人行万里路,也可以读万卷书",歌林和优群合作推出i-library电子书阅读器,仅三百克、方便携带,还有MP3音乐播放功能。歌林公司副总经理刘启烈表示,长途飞行(行万里路),要带很多本书很不方便,有声电子书就解决了这种困扰。

(二〇〇三年年六月二十六日 "联合报")

看了上述这两则新闻,我们想必也很困扰,到底谁才对呢?

两种做法不可能全对，至少总有一个是错的（甚至两者都不对也有可能）。会是谁呢？

一度大力推动电子书阅读器的美国宝星（Gemstar）公司，终于在二〇〇三年六月初正式宣布终止电子书阅读器业务了。距离当年破釜沉舟合并美国各大电子书阅读器大厂的意气风发，算是又多撑了三年。电子书阅读器的美国实验，自此划下句点。

书的电子化（电子化编辑、电子化发行和电子化阅读），一路走来，曲曲折折，漫长悠远，从光碟电子书、CD-I电子书，到阅读机电子书，前后不知已经埋葬了多少伟大的理想，和庞大的资金（温世仁的"十几亿"也是其中的一部分）。

不过"电子书已死"却是尚待验证的论断，我们可以说需要专用阅读机的电子书，大概已经回天乏术（虽然歌林正在力推），但其他形式的电子书，在美国却还正处于方兴未艾的阶段呢！（所以歌林这回要成功，应该是"任务不可能（mission impossible）"。全世界对电子书阅读器的实验，论规模没有比美国更大的，论软硬件资源配合，也没有比美国更周全的，连美国都失败了，其他市场还能有成功的机会吗？

所以上述两个想法在我看来应该都错了。电子书固然有纸本书无法提供的优点，但目前所知的是，读者不愿意为了那么些优点，就支付那么高的代价，并且拿到的东西反而还少了某些纸本质书传统的优点（例如解析度和易读性）。

那么电子书会走向什么形式呢？老实说，我也很好奇。但我宁可假设电子书未来终将普及（因而淘汰了纸质书），这样好歹我们会保持警戒状态，万一果然成真，我们也有准备，可以跟上脚步。不然一心以为纸质书万世不绝，只专注在纸质书的出版技艺上，等到电子浪潮终于卷起，我们恐怕就会沦为电子波臣了。

（这是帕斯卡的上帝论证，帕斯卡说相信有上帝而其实没有上帝，对我们并无损失；反之不信上帝而万一真有上帝，那我们可就亏大了。不信上帝你就进不了天堂。）

电子书生死之谜应该不是短期内可以解开的。倒是1999年我

曾在《出版家周刊》上看过微软的广告,预测电子书发展史,极有趣,附此以便奇文共赏:

2001年　电子书版教科书出现,学子书包重量大减。

2002年　电脑和电子书阅读器的屏幕解析度会接近纸张印刷品,通过微软发展的"ClearType清晰字"技术,二百DPI解析度就可以表现得更为清晰。(按:这则广告就是在推销微软的这个清晰字技术。)

2003年　电子书阅读器重量低于一磅,可持续八小时,价格只需99美金。

2004年　手写板电脑出现,可读电子书,手写输入软件功力大增。

2005年　所有电子媒体(eBook、eMagazine、eNewspaper)营业额达十亿美元。

2006年　电子书供应站繁衍扩增(在传统书店、书报摊、飞机场甚至半空中),可同时供应图书和杂志。

2009年　电子书在许多类别中销售开始超越纸质书。单价较低，而营业额较高。

2010年　电子书阅读机重量低于半磅，可持续二十四小时，并容纳一百万种书的内容。

2012年　电子书、纸质书竞争激烈，造纸工业开始打广告：

真正的书　Real Books

来自真正的树　From Real Trees

给真正的人　For Real People

2015年　过去的高科技竞争者联合投资，希望把国会图书馆全部藏书转成电子书。

2018年　主要报社印出最后一批纸版报纸，发行方式全部电子化。

2019年　为收藏家、高级技术书、摄影书和偏好阅读印刷品的读者而出版的纸质书，在礼物市场仍然受到欢迎。摘录辞典解释：

【书】印刷品，通常用胶水或缝线装订，封面加上纸板或卡纸保护。

2020年：百分之九十的图书同时提供电子版和纸版出售。韦氏大辞典把"书"的第一个定义改成"在屏幕上阅读"的电子书的定义。摘录辞典解释：

【书】一种作品，通常用电脑或其他个人显示装置呈现。

回顾这则广告，我的心得是，预测未来可有多难！不必到2010年，今年电子书阅读器的重量就已经低于半磅了，某些机种阅读时间甚至可以高达两个月之久，可是这无法阻挡电子书阅读器终究要成为明日黄花的过程。

科技的进步远远超过人类的想象力，可是科技还是不敌我们五百年来（也许应该说是两千年来）所营造的纸质书生态圈。

猫按：来到2009年回顾这篇文章。我们不得不要佩服亚马逊创办人贝佐斯的深谋远虑。他既能一步一步地打造全数字化的图书资料库，又能整合产业上中下游以及阅读机的硬件，终于把几十年来别人办不成的电子书产业，打造得有模有样。实在是了不起。

电子书的微型化障碍？

电子书好像永远是引人遐想的话题，读者关切，业者积极，三不五时就会出现最新消息，软件硬件，进展不断。可是在我这个算是密切注意的观察者眼中，电子书至今为止，仍然看不出有什么机会可以脱离空中楼阁的命运。

眼前的现实（电子书始终没有进入一般读者的消费选项中）不是我做这个判断的原因，电子书遭遇的各种软件麻烦，格式问题，数字版权问题，付费问题，下载问题，使用者惯性问题，也不是最重要的理由。我认为电子书最大的麻烦，其实是个物理问题，或者说，是个生理问题（另外一个更关键的问题是这个：《情报狂与美食家：线上与纸本的阅读差别》，请参见下一篇）。

怎么说呢？

电子书要能够像iPod那样鼓动风潮，改变音乐产业的交易模式，有个很重要的关键，就是微型化。音乐产业的历史已经两度证明，微型化是产业转变的重要推手，前有新力公司的随身听，后有苹果公司的iPod。当音乐可以随身走，从笨重的音箱（以及累赘的CD）中解放，音乐市场的需求与聆听情境就变得完全不同。

而电子书却始终无法做到同样的事。让书可以简便携带的微型化，始终不是这些硬件厂商努力要突破的目标。他们一心一意要做的电子书，大部分都是想模仿现在的纸质书。用文库版的开本，产生书页翻动的动画，加上音效等等。把电子书缩小到像iPod那么小？从没看过。

道理当然很简单，如果把书做那么小，读者还怎么看呢？总不成还要配备放大镜，才能看电子书。道理一想就明白，但不幸的，这却是电子书发展的大障碍。

因为人体视觉构造的生理限制，你不能把电子书屏幕无限缩小，最多你可以做一个五十开的画面（跟文库版一样大），比一般人的手掌稍大一点，如果要更小，大约就会跟PAD的大小很接近，而用PAD读电子书已经证明是一条走不通的路了。

如果跟文库版一样大，读者有什么理由要舍弃纸质书，而预先投资一百倍的价格买电子书硬件呢？花了大钱买硬件，可供书单少得可怜，上面没有你想看的书目，而那台机器，怕摔、怕撞、怕没电、怕当机、怕被偷，你真正带出门，体积和重量却跟一本文库本也没差多少……

这样的电子书想要取代纸质书，我实在看不出有任何优势可言。至少纸质书价格便宜，书单包罗万象应有尽有，耐摔耐撞，万一搞丢了也不会太可惜。

当然一定有人要提到电子书的容量优势。容量至少有两个迷思：第一是对你有用的书才有意义，对你没用的书，书种再多也不过就是一份书单罢了。

二、有多少人需要每天随身带着两千本书行动呢？我们大部分人平常连一本都懒得带，真正有两千本可以装在一个书本大小的机器里，你的携带意愿就会大幅攀升（像iPod一样人手一机）吗？我能想象的两千本书的行动需求，可能只有跟得上流行的学院研究者——他们终于可以离开研究室，在咖啡厅里作学问了。

屏幕太大，市场不接受，携带麻烦；屏幕太小，眼球不接受（看不见）。这就是我所谓的电子书硬件的生理障碍。

现在的电子纸技术在轻薄短小方面，已经非常神勇，不过这个生理障碍，却是科技难以解决的。

除非发展出一种电子纸，能够对摺（真正像纸一样对摺）收藏，然后展开阅读，不然任何解决方案都注定要面对人类水晶体屈光能力的天然障碍。

情报狂与美食家：网上与纸本的阅读差别

上网的时候你心情如何呢？

是闲适悠然，还是不断翻页、随时紧盯你订阅的网站有没有更新？读书的时候你的心情又如何呢？你会匆匆扫读，一本本快速更换，还是会希望找个地方安安静静地坐下来，好好地沉浸在书页中？

我想大部分人在以上两种情境里，阅读模式都会偏向后者。上网时我们追新逐快，看书时我们则希望有个安静的地方，好好吸收作者的思想和内容。

在网络上，我们像是个资讯饥渴的情报狂，我们快速扫读，迅速判断文章有无保存价值，努力把自己上网的首页打造成资讯汇整中心，大量即时标题供我们过滤筛选，各种书签网站、推荐网站、资讯汇整网站，协助我们解决资讯过剩的苦恼。一到网络上我们就再也静不下心思考任何需要长时间思索、推敲、反复辩证的难题。上网让我们神经紧绷，成为屏幕前的情报狂。

而拾起书本的时候，我们满心期待，像个坐进米其林三星餐厅的小饕客，一心想着即将展现眼前的内容会有多棒。我们享受情节，浸润在作者的章节里，随着作者的字句，有时哭有时笑，读书让我们享受知识与剧情构筑的精神世界，成为卷册书页间的美食家。

我们在这两种情境里，启动两种不同的阅读模式，前者也许可以称为"情报狂模式"，后者则不妨称为"美食家模式"。

所以我的理论是，我们在网上进入情报狂模式，而在阅读纸质书时进入美食家模式。情报狂模式让我们广收天下，连结世界，希望掌握人际圈最新动态。而美食家模式则让我们进入与静默的心灵对话的情境，重点是专注、理解、避免干扰。

这是个假设的理论，我相信它并不完备，它不能解释所有人在两种情境上的阅读样态，但这个"情报狂与美食家的双模理论"，仍然有相当有趣的解释力，足以描述某些可能不容易解释的现象。

例如纸质书的阅读。

全世界所有经营网站的人，绝对会对纸质书读者的耐心充满了艳羡，为什?我站上的读者只愿意读个两三页就要离开，而纸质书读者却可以动辄耐心读完百页、千页呢？情报狂与美食家理论可以合理地解释这件事。

当我们进入情报狂模式，关切的是情报的即时与全面，我们担心在一个地方停太久，可能会错失其他地方即时发生的新闻。而进入美食家模式的时候，所有资讯就在手上，而且因为纸质书低科技的关系，你明白手上的书不会随时跳出新闻让你连结全世界，所以你是拿着一份"套餐"，可以悠闲地享受它的每一页。

报纸的副刊也是个有趣的例子。在报纸还是报"纸"的时代，副刊具有非凡的影响力，可是当报纸变成新闻网站，我们发现几乎所有副刊的力量都消失了。为什么？

因为报"纸"让我们进入美食家模式，可以把整份报纸全部翻完，读完编辑提供的所有内容。而同样的内容到了线上，我们发现读者的耐心消失了，他们关切最新消息，胜过一层一层点阅，花费力气判断在层层链结中的标题值不值得点下去。我们不再悠闲地看报，一上网我们就从美食家转变成过动的情报狂。

当然即使这个双模理论言之成理，我们仍然有许多问题要解决。例如，为什么会这样呢？为什么人类会在网络上的时候，自动进入情报狂模式，而在读纸质书的时候进入美食家模式呢？原因是什么呢？而我们又为什么不能强迫自己在网络上的时候，从A模式转为B模式呢？

我对这些问题暂时没有更好的解释，只能存查以待高明。

倒是这个理论如果成立的话，对于预测未来的阅读产业，应该会有很大的帮助。例如：

完整精确地复制纸质书的内容与表现，如实地搬到网络上的电子书模式，注定不会有前途。因为情报狂耐不住性子享受美食家的现成套餐。

如果现有的书可以转化为情报狂乐于追索的资讯，那么那些书（终究）会转成线上模式，而使纸张失去竞争力。不是所有书都可以转化，我们知道的是百科全书已经转化成功了，还有哪些类的书会走上相同的路呢？

不可能的电子书商业模式

2007年6月,"台湾数字出版联盟筹备会"举办了"图书馆市场的电子书商业模式"座谈。在座算是产官学都有,连台湾岛内三大图书馆馆长都到了,可见主办单位很花了一些力气。整整两个小时的座谈,主要逻辑如下:

书的未来一定会走向电子书,既然眼前还没有这个市场,而产业总要有个出口,所以我们不妨请图书馆单位编预算来采购电子书。只要预算出现,出版业者一定努力制造可以供货的电子书,这样产业链就会开始启动。而未来读者有了选择,供需循环就会出现。

逻辑很好,但有个要命的麻烦,那就是"书的未来一定会走向电子书"这个假设。

大家想的都是电子"书",书的电子化,书的版权,书的定价,书的发行册数……所有纸质书的概念,全部都继承下来。结果电子书最合理的选择只剩下"PDF+DRM"（加上版权保护的PDF电子档）。整场研讨会花了许多时间讨论这个构想中的电子书，如何定价，如何保护，如何借阅，图书馆如何采购……

但没人讨论读者会不会接受。

如果是PDF格式，别说还加上权利保护机制，即使是完全不保护的档案，也不会有人有兴趣用它来看完整本书。看PDF文件痛苦的程度，比起看一般网页更严重得多。因为PDF格式根本不是为屏幕阅读而设计的。PDF版面"闻起来像纸张，看起来也像纸张"，因而它最好的用途，就是用打印机机印在纸张上阅读，所有版型、字体、影像都可以保留，忠实再现。

PDF完全适合纸张，而代价则是，它不适合屏幕（PDF保证所有版型不会因为媒体差异而改变，所以它注定无法随着不同显示器，而显示最佳阅读模式）。

如果PDF成为电子书的解答，图书馆也配合采购了一批"电子书"。到了年终，大家瞪眼瞧一瞧借阅排行榜上的名单，发现电子书借阅数少得可怜，你猜下一年还有哪个图书馆敢大手笔继续采购？

会中另外透露，台中图书馆已经获得四亿元预算，要推动电子书的平台建置和采购工作。"国中图"将成为台湾电子书上架、借阅、销售、版权管理的中介平台。

身为一个出版业者，理论上我应该高兴，毕竟这样应该有助于我的年度业绩，但身为一个产业观察者，我只能说台湾真有钱啊。

模仿纸张的电子书，无论是版型模仿、定价模仿或著作权模仿，都不可能成功。两年后，如果有人还能想起这个计划，不妨计算一下这个计划里，每回电子书被借阅一次，全体纳税人要支付多少成本。

电子书如果有商业模式，必然建立在终端读者接受的前提下，如果不考虑"电子读"，任何"中途之家"的权宜之计，都不可能长久。

最后，有人说电子书至少可以提升数字典藏的数量，可以供人检索查询。如果只想这样的话，Google Print不花台湾纳税人半毛钱就做到同样的事了。还需要我们花四亿元台币吗？

只见电子不见书

2010年是"台湾行政院"大力推动电子书产业的行动年。台北国际书展也生动地展现电子书产业在书业上的影响力和企图心。但如果仔细看过所有这些平台、机器，相信每个人只能得到一个感想，就是整个电子书产业只是"只见电子不见书"的空壳。如果这就是政府耗资二十亿，列为台湾重大施政的焦点产业，这个结果还真是让人摇头。

以美国电子书阅读器市占率最高的亚马逊"点火电子书阅读器"（Kindle）为例，2007年圣诞节上市时，网上书库就有九万种电子书可供下载，亚马逊还大做广告，宣称所有纽约时报畅销榜上新书，都有点火版电子书可买。去年急起直追的邦诺书店推出自家的"努克电子书阅读器"（nook）时，宣告的可下载书单达百万种之多。远远超过点火电子书阅读器两年来累积产生的三十万种书目。

美国大厂在竞争电子书市场时，核心的竞争焦点除硬件规格外，最重要就是可供下载的电子书目多寡。有多少电子书可以选择，成为决胜的关键。就在今年书展期间，苹果电脑刚巧也发表酝酿多时，被视为苹果切入电子书市场秘密武器的iPad平板电脑。当天苹果创办人乔布斯除示范硬件功能，同样再度强调跟美国最大的五大出版集团合作的线上书店iBookstore。

所有这些都说明一个简单的事实，读书是读内容，不是读机器。

台湾从政府到民间，在这一波电子书狂热中的最大误解，就是把"书"和"机器"混为一谈。一直认为电子书就是那手掌大、黑白屏幕的省电机器，却不知道书是书，机器是机器。书是内容，是意念，是情节，是作者写就，传递想法的文字，机器只是展示内容的载体。我们过去不会认为造纸业等于出版业，现在独独以为电子书阅读器器会等于电子书产业，这真是太奇怪了。

电子书产业推动了半天，造成的结果却是机器满天，内容空荡。这个问题有解吗？我提出诚恳建议：

一、别再把机器指认为电子书。机器是机器，书是书，没有书的机器，或只有几百种电子书选择的机器，不可能撑起产业。

二、平台也不是重点，关键是如何降低电子书转换成本。以我自己刚刚推出的一本电子书为例，为了在全台湾所有电子书平台上架，要做出三种格式档案，PDF、EPUB，外加TXT文字格式，其中PDF档还要因应不同销售平台再区分出三种不同的出血规格。台湾电子书交换标准空喊了半天，结果每家大厂都自行其是，大家都只想打造自己的封闭系统。

一家出版社的一本书要在现有的销售平台上架，就有这么多转换格式的周折，如果想要在三年内实现十万种书目上架，可以想见那是多么不可能的任务了。

三、产业标准。降低电子书的转换成本的核心关键首推产业标准。在电子书议题上，除口头上支持的EPUB规格外，还有极少人意识到的问题，那就是文字处理程序的文字码标准。许多罕用字无法用Big-5码输入，大家都以为这事无解，所以从原稿开始就用拆字法造字，最后再请美编在软件上造出可印刷的字。结果印刷虽没问题，但EPUB则会转出乱码。

现在我们需要的是支援UTF-8万国码的文字处理程序，最好能进一步支援EPUB电子书交换标准，这才是釜底抽薪的解决方案。如果"台湾经济部"真想促成电子书产业兴盛，不是编列二十一亿台币去推动华而不实的华人亚马逊，而是老老实实花五百万，去奖励软件公司赶快释出开放规格的EPUB编辑器吧。

最后再呼吁一下新闻同业。电子书是内容，资讯大厂做出来的叫做电子书阅读机，你可以简称"电子书阅读器"，但请不要再混淆地用"电子书"有时候指称内容，有时候又指称是机器了。

为什么台湾能上架的电子书这么少？

前文说，台湾发展了大半天电子书产业，现在看来结果却是"只见电子不见书"。要用来看书的机器很多，但可以看的内容很少，跟美国的发展情况简直是天差地别（亚马逊点火电子书阅读器上市第一天书库里就有九万种书可选）。

如果你问台湾现在正在推平台、推硬件的厂商，为什么书单这么少？每家业者都会说，我们也很努力谈呀，问题就是没有出版社肯把电子书授权给我们。

这确实是事实。例如像"中华电信"这样的龙头公司，为了推动"哈密"书城上线，几乎是地毯式地拜访过台湾岛内各大出版社，但"哈密书城"去年上线时书库里有多少书呢？四百种。其中还有三百种是公共的已经没有版权保护的旧书，实际由出版社转档上架的新书只有一百种（一百种里面还有许多是杂志）。

四百比九万，等于0.44%。这就是台湾做电子书的实况。我们一年可以出版四万种新书，但能够上架成为电子书的，却只有个位数的百分比，甚至更少。为什么会这样呢？

虽然依照电子书主管部门长官在"内容推进实验室"博客的留言，"台湾经济部工业局"对推动电子书产业做了好多好多工作，可惜的是，如果药不对症，事情做得多，对解决问题也没帮助。如果真想推动电子书，我们应该先正确诊断问题。以下是这一段日子以来我访谈、调查，总结的原因：为什么在台湾能上架的电子书这么少？

一、出版社手上就是没有电子书的权利

第一个最大的原因，出版社之所以没有授权电子书给平台厂商，就是因为他们手上几乎没什么电子书的权利。为什么出版社明明拥有出版纸本的权利，却没有电子书的权利呢？这也很简单，首先是外国出版社对授权中文电子书权利态度非常保守。

2010年台北国际书展上，台湾岛内最老牌的版权代理博达公司陈嘉贤就说，至书展期间为止，他们正式取得电子书授权的书种，全部共计：三种！台湾一年至少要签五千本外文书的翻译授权,相较之下,博达能够谈到的数量,可说是惊人地低。外国出版社基本上不授权,占台湾书市场销售榜大宗的翻译书自然与电子书绝缘。

其次,即使是本土作者,当出版社重新争取补签电子书授权时,我也发现作者的心态在最近几个月开始转变。过去因为没有电子书市场,大家都抱着随意的态度签约,可是现在大部分作者会问,你给我多少版税抽成?而出版社能够承诺的版税率,通常完全无法让作者满意(不像纸质书那样容易商量)。

我笼统地估计,台湾出版社手上持有的电子书权利,一年下来能签到的不超过五千种。五千种还是很多呀?是的,底下还有很多原因让这五千种即使出版社持有权利,但最终还是没有放到市场上。请继续看:

二、出版社对电子书授权充满疑虑

出版社担心自己被边缘化。不只是台湾出版社担心,而是全世界所有出版社都担心。出版社担心一旦把书作成电子书授权出去，跟作者五年合约期满之后，这个电子书档案最后会平白便宜了平台业者。

过去在纸质书时代，出版社的工作成果，有一部分是透过排版、印刷、装订而获得实体保障的。排版档、印刷网片、印成的书，都是出版社的财产，即使著作权属于作者，他都无权处分排版档或印刷网片。

但在电子书时代，出版社同样花费庞大力气完成的电子书档，却没有任何明确的法律保障。从作者的文字，到成为一本书，这中间的编辑加值，在现在的电子书产业链中几乎是没有人承认的。

这些编辑加值不只是格式转换一件事而已，还包括许多说得清、说不清的事，例如选题、沟通、讨论全书架构、用读者角度评论、格式、体例、书名、行销定位……这些过去可以都在纸质书上获得保障，现在却很难单靠电子书档案获得同样的保障。

如果编辑增值无法在产业链上有合理的位置，出版社就很难真心相信电子书是出版社的未来。

（但这一点我是完全悲观的。电子书产业链基本上无法给编辑加值找到合理的计算比例，原因是编辑增值的大小，差异太大，每本书都不同。而产业链各方对编辑增值的价值，看法也非常悬殊。）

三、电子书转档成本出乎意料地高

实际转档的经验告诉我，电子书转档不是按几个按钮就可以完工的事。其中最出乎意料之外的成本是，几乎每本书每次转档，都要重新全文校对一次，把乱码、错误体例、跑掉的格式，全部重抓出来改掉。

转档明明只动到格式，为何还要全文校对呢？原因出在过去我们在"大五码（Big-5）"环境里的便宜行事，碰到大五码不支援的罕用字，我们就用拆字法对付。举一个著名的例子，大家一定很熟悉"台湾前行政院院长"游锡堃的名字，在网络新闻上常常写成"游锡方方土"。

墾这个字在大五码时代打不出来，作者写稿就用拆字法"拼字"，整个工作流程的默契是编辑校稿时会盯着排版美编在最后上版面时，把这个拆字用排版造字处理成方块字，然后在最后印刷时让人看起来那"像"是个正常字。印成品上看起来虽然正常，但骨子里那个字仍然是拼出来的。

一本书只要有万分之一的机会出现罕用字，你用排版档直接转档而成的电子书就会出现乱码或怪字。你做的书如果是科普类，内容需要罕用字的机会更高。每次转档你都要重新花人工重校全文，这个代价是非常惊人的。不只是金钱问题，这里面更烦人的是时间成本。

一本书这样处理，至少要两个工作天，你说你手上有一百种书可以授权电子版，有没有办法明天就给档案呢？抱歉，办不到。这样你就可以明白，哈密书城里面至今由出版社正式授权的书目为什么那么少了。

转档成本还有第二个不利因素，那就是电子书规格不统一。

我在《只见电子不见书》中已经谈过:

以我自己刚刚推出一本电子书为例,为了在全台湾所有电子书平台上架,要做出三种格式档案,PDF、EPUB,外加TXT文字格式,其中PDF档还要因应不同销售平台再区分出三种不同的出血规格。台湾电子书交换标准空喊了半天,结果每家大厂都自行其是,大家都只想打造自己的封闭系统。

"台湾经济部"尽管宣称已经"各方代表充分讨论后决定来用EPUB作为台湾电子书格式之产业标准",但现实却是,除了"中华电信",没有一家理你。EPUB标准如果不能建立,不只出版社头痛,即使有心想要出版电子书的作者也会因为技术问题而放弃。

四、台湾没有公司像Google那么了不起

最后我们来到公共版权图书的议题。

亚马逊点火电子书阅读器的两大竞争对手,新力公司的Sony Reader和邦诺书店的nook,在可下载书目上目前都遥遥领先点

火。是他们比亚马逊厉害很多吗？并不是。原因是他们跟Google图书结盟，把Google已经建制完成的一百万书目，直接算进自己可下载书目的范围。

Google图书的计划虽然在美国遭受司法诉讼的阻碍，但那个仅限于有著作权争议的部分，其他已经丧失著作权保护，成为公共领域作品的图书，则在站上存活得很好。这是一个有远见，有技术，有雄心的商业公司，凭一己之力就做到的事。台湾有那么多IT公司、图书馆、典藏机构，谁做得到Google图书所做的事情呢？

我们扫描的古籍藏在深宫之中，连学者要使用都有麻烦，更别说一般民众了。我谈的不只是"有成果"这件事，我谈的是你能不能做出让每个人都觉得好用、能用，而且还不用钱的事。

一家商业公司可以把大学图书馆的公共财产，作成免费电子书让人下载，为什么我们公务组织用公家预算做出来的东西，不能开放出来让人民自由使用呢？如果一个电子书平台里面拥有四书五经、唐诗宋词、二十五史、四库全书……所有中文的古典文献电子书,还有整个台大图书馆、"中研院"、台北故宫、"国图"的公共版权图书,这样要做出几十万种书目的电子书库也都是有可能的。

这四个因素个个都是天大的麻烦,但真要提出对策,也并非全然无解。只不过如果我们搞不清楚结构性的原因,就开始规划政策,那么所谓"推动",恐怕也只是空谈罢了。

第二章　出版产业真正的麻烦

出版业此刻面对的到底是什么问题呢？电子书真的是所有问题的根源吗？

从"老猫学出版"到"内容推进实验室"

多少人有机会可以在一辈子里，亲眼目睹一个历史悠久的产业面临空前的巨变呢？不知是幸或不幸，做了二十四年纸质书编辑之后，一觉醒来，我忽然发现世界全变了样。

纸质书似乎一转眼之间就面临了电子化的强力威胁，比起她的"报纸邻居"，纸质书这一行的工作者，能够应变的时间简直少到不能再少。这一切当然都托了亚马逊书店"点火"（Kindle）阅读机的畅销所赐，全世界的软件、硬件、电信，有关、无关的资讯巨人，纷纷觉得看书也变成好生意了。

书的电子化如火如荼，市场、产业链快速成型，"台湾政府部门"打铁趁热纳入内需产业的重点，财经媒体开始预测阅读机将创造几百亿又几百亿的商机，科技博客到处打探最新的"电子纸"技术进步到何种程度——唯独没有人关心，一旦书变成了电子，我们真能够乖乖地在屏幕上认真看完十万个字吗？

身为一个喜欢读书的编辑，我对书终将走向何种方向没有特别偏好，但我深深关切那通常由十万个字所打造、过去只存在于纸质书上的知识或情节，在屏幕上展现时，是不是也能让读者感受同样多的文字震荡。

无论高科技采用什么显示设备，电子纸、液晶显示器，所有内容都需要一个显示幕，用眼睛辨读；屏幕能不能给读者同样有效的阅读，同样有益的吸收，同样多的感动和思想洗礼，这是我的核心关怀，也是我为什么要冻结写了六年、已经拥有Google PageRank 5的旧站"老猫学出版"，重新经营这个以"内容推进"为名的新站的缘故。我需要一个新的架构重新探索、理解、思考这些新诞生的问题。

产业工作者面对的问题跟过去非常不同,产业遭遇的难题则是五百年来从未发生过的,"出版社"这个工作环节甚至有可能在新的产业链里边缘化,进而消失。出版产业的命运将如何?工作者将何去何从?而长篇大论的知识、小说、论述,能够继续在新媒体上存活并且打动同样多的人吗?

线上媒体可以管理新闻、短文、小作品、声光、影音、动画,这是我们知道的,可是"十万字等级"的长篇呢?大部分人的注意力都被那美丽的千亿台币产值所吸引,谁来关切长篇、纯文字的命运呢?我希望研究这些问题,分享我的思考,提出我的解答,在现实的工作上实验任何可能。我的新网站的主要研究范围包括:

一、易读性研究

长篇文字在屏幕上到底要如何表现,如何增进易读性,强化阅读体验,让人类的思想、作者的创造,能够在新媒体上继续生存,并且发挥影响。具体范围包括,屏幕、显示、排版、字型、色彩、视觉原理、心智、专注、网页UI、网站设计等。

二、出版产业的重定位

纸质书产业过去是一个推动内容的产业,如果数字化迫使一群擅长推动内容诞生的工作者面临被时代遗弃的局面,这对社会或对个人,无论如何都是个双输的局面。

我希望能够了解,在内容与读者之间,工作者的价值到底在哪里?我们过去推动的内容,到底该形成什么面貌,才足以继续在数字世界中存活?电子书不是全部的解答,这里将展开更多有趣的传统内容如何变身的探险。

电子书产业链将如何诞生

根据"工商时报"2009年7月11日的报导,台湾"将初步拟投入至少13.25亿元协助推动电子书计划"。

电子书数十年来历经各国软硬件资讯大厂前仆后继地冲刺,

直到2007年底美国亚马逊书店一手完成的Kindle软硬件配套销售平台，才使得电子书产业看起来有了点真正变成一个产业的可能。亚马逊的"成功"激励了全世界的软硬件厂商，每个人都想在其他地区重新复制一个本国的亚马逊出来。

可惜即使亚马逊"成功"了（成功为何要加引号呢？因为亚马逊从来没有公布Kindle的单独损益），却不代表亚马逊模式可以很简单地在各国复制出来。其中最大的麻烦来自亚马逊模式所显示的、出版业者极可能在产业链中边缘化的危机。

纸张、印刷业者已经在新的电子书产业链中失去位置，出版业者则是第二波的濒危名单，尽管这是无可逆转的趋势，但产业政策如果不考虑业内生态，终究会让任何美好的企图成为徒劳。

未来台湾如果会有一个真正有市场支持的电子书产业，现在的关键反而不是一个伟大的亚马逊模式能否复制出来，而是一个不必仰赖政府预算，只凭着相关业者追求自我利益就能形成的电子书产业链,有没有可能诞生。

这个产业链的上游中游下游、软件硬件内容,每一个环节的业者都愿意放心做它份内工作,出版业者愿意全力制作电子化的书目,知道未来会有相当的收益,想经营下载书城的业者可以轻松找到最大比例的新旧书供应,而硬件业者不再烦恼有了阅读器却找不到书可卖的窘境。

这样的产业链如何形成呢?以下是我的想象:

2009年:出版业者、通路业者、电子业者达成共识,共同支持EPUB电子书开放规格交换格式(这是事实部分)。但至目前为止,所有英文原生的转档器对中文支援都不好,因此出版业者即使乐于接受EPUB标准,他们也发现凭自己的能力,仍然无事可为。

三个月内,支援中文的EPUB转档器(Word to EPUB、PDF to EPUB等)陆续出现。大部分转档器以改写英文版转档器为主。

出版业者开始同步制作纸版书与EPUB版电子档案。但EPUB档到此刻为止，还是只能放在编辑部的个人电脑里，没有地方可以销售，因为没有人提供中文EPUB的版权保护方案以及适合表现中文的阅读器。

开始有支援EPUB的中文阅读器在网上诞生。

业者联盟集合全通路上中下游、软硬件厂商的Amazon-like一条鞭式电子书平台，公司化程序启动，可惜平台联盟内部分成员各有盘算，有人只想贩卖自家产品，有人坚持以他们自家的技术为基础，认为这样可以节省开发上线时间。

平台联盟吵到年底，一事无成。

硬件厂商决定自谋生路，他们开始寻找自己的机器上的EPUB Reader解决方案。十月以前，支援中文EPUB格式的电子书阅读器就开始上市。小笔电甚至在这之前，就已经配合软件厂商直接内建了中文的EPUB阅读器。

EPUB电子书的销售链开始启动，最成功的商业模式出现在

iPhone上。因为那是最先容许软件阅读器和电子书在线上销售的自由平台。出版社纷纷把EPUB书单送上智慧型手机的线上商店供售。

2009年底以前,以硬件为阅读器,加上专有销售平台的电子书市场,开始有卖出畅销书的潜力,全台有超过十种专用手持装置加下载商店的硬件商、电信商出现。每一个都是小型的亚马逊,每一个都有自己的硬件和DRM设计,但每一个都可以支援开放的EPUB格式。而这些小平台完全不需要政府预算。

无法固定于专用硬件上的网上下载市场,由于网上DRM尚未取得内容业者认同,出版商供货意愿不高。包括博客来在内的网络书店在这一波电子书风潮中反而落后一截。

聪明的出版商终于发展出针对纯文字的EPUB档案的浮水印著作权宣告方式。基本上就是在特定文句中加入无意义的中文或英文术语,一般校对无法检出,对读者也不致误导,但却是非常明确的版权标记。

平台竞争趋烈，开始有人贿赂畅销书作者脱离出版社，直接自制EPUB档，直接提供电子书成为下载商店的内容供应商。平台支付给直往供应商作者的拆账比例攀升到无法想象的高比例。独家作者和独家优惠，成为新一波的市场争夺战。

少数硬件商免费释出EPUB for GPhone（……等）规格转换器，出版社和网络书店可以在自有网站销售专门给特定硬件的EPUB电子书。网络书店发现自己处于竞争劣势，不得已开始寻找自己的硬件解决方案。

各硬件商开始各显神通，用各种优惠争取出版社优先在他的系统出版新书。由于拆账毛利优厚，专业作家比例攀升。更多新作者投入，更多老作者也开始独立。

辅导新书上市的行销公司成为新的服务业，取代了过去出版社或发行商的角色。辅导写作及协助出书的顾问公司也开始出现，取代了过去编辑的部分功能。

半数出版社在五年内离开电子书市场，只剩下出版翻译书的出版社还存留下来。

出版社纷纷转型成为持有内容的公司，而不是只持有五年出版权的公司。过去推动内容诞生在纸质书上的公司，现在变身成为网络公司，他们努力把自己的纸质书转化为线上服务，成为新一代的IT公司。所有以内容的专业性、权威性、完整性为号召的网络公司，会发现这些出版社转型的网络公司充满了竞争力。

美国新书出版大爆发

2009年初，美国新书出版量出现惊人的增长曲线，连续两年的"年增长"，竟超过十万种。那就是美国新书出版量已经连续两年"年增长"超过十万种。

2007年比起前一年，新书增长了十一万一千种，2008年更增长了十五万三千种。总计两年下来几乎使美国年度新书出版量，从不足三十万种一下子翻了快一倍到达五十六万种之多。

仔细分析一下增长的动力来源，会发现传统的图书领域（店

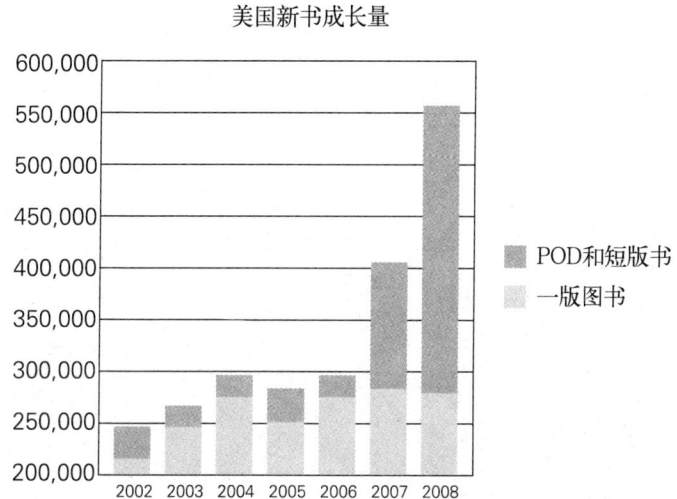

美国新书成长量

销+专业书），近七年来年平均新书都在三十万种以下，成长率有限；而2007和2008年之所以增长率会陡峭攀升，全部都来自POD（按需印刷）和少印量的短版印刷，而这些印刷品传统上都视为自助出版范围。

下面以两种领域分别计算的图表，更可以看出自助出版领域过去两年来增长的惊人程度：

自助出版在2007年增长了十万二千种，2008年更增长了十六万二千种,一举超越所有专业出版社加总的总和(二十八万五千三百九十四比二十七万五千两百三十二)。

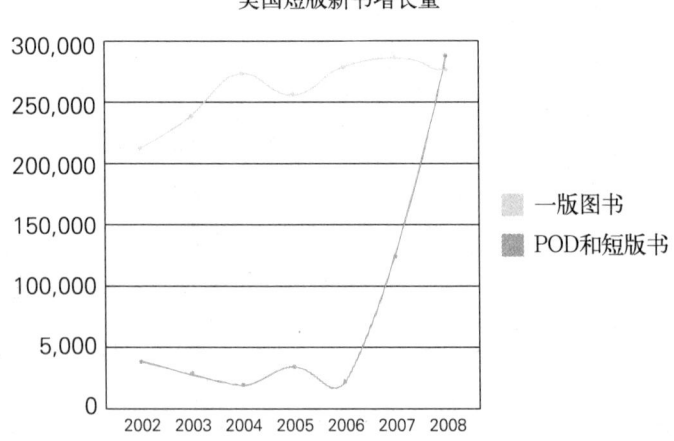

美国短版新书增长量

自助出版的迅速发展,跟按需印刷的技术进展关系密切,现在任何人在网上要出版一本书的代价,已经到达空前低廉的程度,加上网上代销系统的成熟,促使每一个想出书的人突然发现,他们不用再被传统出版社挑剔、过滤、筛选、拒绝了。

他们想出书就可以出书,爱出多少就出多少,代价非常低廉,甚至在网上卖书还有可能回收成本。

科技解放了人类的创作欲，只不过这一次不是虚拟世界的博客写作潮，而是活生生的实体书的出版潮。

数字冲击下的台湾出版产业危机

出版产业最近颇不平静，电子书的东风狂吹，业内业外战鼓频仍，"台湾政府部门"也视电子书产业为明星产业，手脚迅速地纳入数字内容产业发展的旗舰计划，乐观预估四年后的产值将可达到台币一千亿。如果电子书产业能够上冲一千亿，倒也是振奋人心的美事，只可惜远景虽美，却没有人看到传统出版业正因为这样的发展，而面临崩坏的危机。

上达千亿的产值首先吸引了重量级的业外大厂，包括电信业的远传、"中华电"，资讯业的元太、友达等，大家纷纷自组联盟，抢占先机，希望复制美国亚马逊书店的电子书传奇，独占市场大饼。

事实上近年来台湾出版产业年产值一路衰退，各种官方委托的产业调查，年产值估计都不到三百亿。而电子书如果要成功，依照美国的行情显示，每本书的平均售价都在传统纸本书的五至七折之间（亚马逊书店的电子书折扣甚至低到五折以下），换言之，如果销售量不变，同样的书进入电子书下载市场，产值将会减半。

台湾的读书人口会因为电子书售价减半而成长一倍吗？答案当然是不可能，同样是美国的情况，电子书的销售族群正是原先最忠实的纸质书核心读者。没有读书习惯的族群不会因为书价低廉而开始来买电子书阅读机。

所以出版业如何从纸张时代的不足三百亿产值，能够转变为电子书时代的一千亿产值呢？"台湾行政院"的新闻稿已经为我们描绘了蓝图："'经济部'官员表示，电子书产业分为阅览器、内容，以及交易平台三大块，主要为硬件、出版及软件，一定要三大块合作，才能推动整个电子书产业。"

千亿产值恐怕有绝大部分受惠的是资讯硬件大厂以及资本雄

厚的电信商，台湾以中小型公司为主的出版业者，现在面临的不再只是五倍规模的书店通路（的宰制），而是一百倍甚至一千倍规模的一干大龙头企业的强势入主。这些恐龙业者对习惯于手工业型态的出版社，将产生何种予取予求的产业压迫，实在不难想象。这是产业面临的第一个危机。

第二个危机则是，我们只看见电子书，却忘记了数字冲击早已彰显的警告。

事实是新闻网站取代了纸报纸，维基百科取代了纸百科，网上字典取代了纸质字典，各种专业知识分享网站，一点一滴地取代了生活、情报、非文学类图书的市场。看看台湾经营食谱、旅行指南出版社的经营困境，我们就可以发现这个活生生的警告：所有纸媒体共同面对的数字冲击，是读者希望用更有效率的数字服务，来取代纸服务。

电子书也许是纸质书转型的一部分解决方案，但它不是全部。更多纸质书早已经从市场上消失，而它的电子书对手根本还没出现。其实永远也不会出现，因为那些书是被更有效率的数字服务所取代的。

台湾曾经有一千家活跃的中小型出版社，他们专精于推动更可靠的内容转变成书，他们擅长规划主题，寻找专家，拼命催稿，最后完成有组织、够深度、比一般网页更可信赖的内容印在书上。现在他们面对的数字未来，是一个业外大厂大军压境，数字平台产业链倾轧，而自己空有一身推动内容的本事，却眼睁睁看着数字机会点滴流失的局面。

网络上满满是空荡荡的WEB2.0网站，每个网络创业家一心想着的就是等着网友贡献内容。而我们这些能够推动完整内容诞生的传统纸质书业者，却因为他们的科技能力不足，正在被缺乏远见的数字内容政策所边缘化。

电子书的"大饼"大部分与他们无关，网络化转型的技术能力又非所长，曾经是台湾引以为傲的出版产业，现在面临的数字危机，一点也不是电子书产业链如何打造的问题，而是我们能够出产高品质内容的业者，正面临被遗弃的明天。

如果我们无法协助这些善于推动内容诞生的传统业者转型并在数字时代得到生存的机会，我们丧失的不只是这一千家出版社而已，我们也丧失了推动网络内容升级的宝贵机会。

好消息是电子书不会淘汰出版业，但坏消息是……

电子书时代就要来了，大家都很焦虑，我的大长官（城邦集团执行长何飞鹏）在台湾最赚钱的杂志上"恐吓"说，做传统纸媒体的人，产业的生命只剩五年了。对照起亚马逊电子书的"成功"，以及台湾最近从政府到民间的积极，看起来这个恐吓既真且急，让业内许多朋友非常焦虑。

不过我有一个好消息和一个坏消息向大家报告。

好消息是，"书变成电子书"，不会淘汰出版业。个别的出版社并不需要烦恼如何推动电子书，我们只要能"跟上"就够了。书无论在纸上还是在电上，都需要编辑，也需要行销。

如果电子书产业链可以在台湾诞生，那么我们就努力把书上架就好，有生意可做，我们当然会努力供货；如果产业链还没准备好呢？老实说光出版社想急也急不来。

我们能够对应的就是确保电子书要上架的时候，有书可上。甚至出版社现在要做的事情，也只有一件事需要操心，那就是及早确保自己手上拥有经营电子书数字授权的合约。

其他技术问题，例如最符合产业标准的电子书规格，最便宜的转档程式，最可行的数字版权保护模式，要怎么转档，要花多少钱等，基本上都是出版社自己不用烦恼的。有一堆公司看准了这件事，免费的转档程序未来很容易就可以获得。

所以电子书到底如何演变，我们可以好整以暇，慢慢看，产业链出现了再跟上去，就行。电子书并不会消灭出版业。

但坏消息则是，并不是所有书都会变成电子书。"新闻网站取代了纸报纸，维基百科取代了纸百科，网上字典取代了纸质字典，各种专业知识分享网站，一点一滴取代了生活、情报、非文学类图书的市场。"我上篇文章描述的这些事，才是出版社转型最需要烦恼的地方。

面对这种模式的替换，市场的无形替代，我们找不到人帮我们准备软件、规划生意模式、砸大钱建立营运平台……什么都没有。

这类工具型、资讯型、情报型内容，作成电子书对读者需求并无助益（例如，字典应该作成应用工具，而不是电子书），因此电子书的解决方案对这类内容无效，无法让这些内容产生数字时代的生存竞争力。

这类内容最有威力的数字面貌，是变身为一种服务（如旅游行程网站），一种工具（如线上生字直接查询工具），或者一种资料库供人检索（如维基百科）。不幸的是这种"变身"所需的技术，我们完全不熟。

我们拥有产生这些扎实内容的能力，但我们没有能力让这些内容适应数字时代，在网上存活。结果我们将眼睁睁看着有技能力的数字经营者，用拼装的，或者用网友贡献的内容，不断蚕食过去原本由纸质书业者所供应的市场。

百科的纸市场消失了，字典的纸市场（快要）消失了，食谱的纸市场快要走上同样的路了，旅游指南的纸市场已经很难存活了……我们看见的不是电子书取代纸质书，而是更有效率的数字服务，取代了原先的纸市场。

这才是出版产业最大的麻烦，我们最应该焦虑的地方。而且这不是未来才可能，而是此时此刻侵蚀正在发生。

要么，我们弃守这个市场，要么我们别无选择，必须成为拥有技术能力、让内容可以变身为数字服务的新型态内容公司。

所有媒体公司最后都会变成科技公司。这是数字时代最精准的忠告，也是传统出版业者非走不可的路。如果我们无法克服数字转型的技术障碍，将有一半的出版业者会在这一波典范转移中被迫出局。

电子书会活下去，但电子书阅读器呢？

苹果公司的乔布斯病后复出，纽约时报记者问起当红的电子书阅读器，乔老大直言，专用机器虽然好用，可惜读者不会买单。"我认为一般人较不愿意花钱买一台专用装置。"而亚马逊Kindle虽然火热，"但该公司从不发布Kindle的实际销量。通常如果卖得好，一定会告诉大家。"

前不久我也想过同样问题（在推特上：电子书阅读器争不过小笔电），虽然只是想象硬件的生命周期，但牵涉范围还挺多的，值得借这个机会整理一下。

一、专用与多功能机器的竞争

专用机成功的例子首推手机和苹果的iPod。可惜手机现在很少只有单一功能的了，游戏、听歌、通讯录、日历、照相机、上网……iPod的发展也一样，从专用的播放器开始，到上网、秀照片，乔布斯这次复出，秀出的功能是影片拍摄。

硬件世界的竞争向来是：价格愈来愈便宜，规格愈来愈提升，而功能愈来愈多。别人加了新功能，你敢不加吗？亚马逊自己就已经一路升级Kindle的硬件版本，屏幕更大，3G连线上网，新闻同步，博客下载，自动语音读书……

Kindle的竞争者现在还有更多竞争方向，触控屏幕，百万书目，双屏幕，更便宜，支援彩色，我很快可以想象电子书阅读器开始支持影音播放、同步上网、看电视、听广播、读报纸、支持MSN、推噗同步、去脸书玩游戏、内建浏览器……结果"电子书阅读器=小笔电"。

我们可以继续称它是电子书阅读器，但它确实也丧失了专用机的特色。

专用机对阅读器特别重要的原因是我们可以"专心读书"不受干扰。可是由上所述，我们也很难想象陷入硬件竞赛的厂商会弃守功能竞争的天条，反而约束自己的机器功能只能读书。最后的结果只好是功能愈来愈多，价格愈来愈便宜，小笔电、电子书阅读器、智慧型手机，界线愈来愈模糊。

二、随身装置的竞争

我们每天愿意随身携带的东西不多,手机目前是第一优先,小笔电有潜力跻身为第二选择,但那也是第二选择而已,电子书阅读器一出现就面临手机和小笔电的两头夹攻。论便利,它不如手机,论功能,它不如小笔电。那电子书阅读器能不能创造人类的第三样随身机器的需求呢?

我不知道,但机会恐怕非常渺茫。

三、专用机消失不代表硬件消失

专用机的机会不大,它很快就会像PAD一样被其他机器吸收了功能,而无法独立存在。但台湾擅长制造硬件的厂商倒也不用担心市场消失,因为多功能机器一样也是市场,甚至是产值更高的市场。

四、专用机消失使得数字阅读有点麻烦

读书需要专心,长篇阅读尤其需要专心。当这个市场上只存在多功能机器的时候,上网、互动、社群,每件事情都在干扰我

们的阅读，不只读课本会被干扰，你读金庸也一样会被干扰，因为享受情节是需要花力气的。

多功能环境只能支持轻阅读或片段阅读，那种书不会占据所有市场，还有其他需要专注阅读的书种，需要提供专注可能的装置，这时候纸质书是最符合条件的"装置"。至于像Kindle这样的专用机器呢？我非常希望有厂商能坚持下去，可惜好像希望不大。

第三章 产业将如何转型

未来的出版产业跟今天将不再一样了,哪些环节将产生变化呢?

出版业是不是夕阳产业?

数字浪潮打得各类出版满脸豆花,从音乐、报纸、杂志到图书,这些产业在传统媒体上的营收,即使不是崩盘,至少也是江河日下,难以回头。图书业也许是所有内容产业中,最后面临数字冲击的板块。

但冲击毕竟无法避免,纸张百科全书已经差不多消失了,字辞典产业也感受到强烈的竞争,许多资料库形式的内容产业,例如法律判例库、医学药品库等,在书店从业者尚未知觉之际,就已经离开纸张媒体,直接进入数字时代了。

所以图书出版业已经进入夕阳产业的路途了，是吗？

如果从纸张媒体的角度看，这件事情是毫无疑义的，纸质书不可能再有过去任何时候的荣景，无论是产值、就业人口，纸质书的高峰已经过去，未来只会一步一步衰退，典型的夕阳产业。

但如果从内容生成的规模看，我们却可以说现在正是人类出版史上最繁荣的时代，根据Technorati公司的统计，全球在最近的五年内，以破纪录的速度诞生了超过七千万个微型出版者——我们称之为博客，每日新生的文章超过一百五十万篇，全世界没有任何传统出版商，能够做到这种成绩。上个世纪麦克卢汉预言的"人人都是出版家"时代，到今天终于姗姗来到。

所以现在我们面对的是一个从纸张过渡到网络的过程吗？

不尽然。

纸质书尚有无可取代的阅读优势，是所有网上媒体无法与之媲美的。在需要浸淫沉醉的书种以外，其他强调时效、查询功能的内容，纸质书才无法竞争。只要读者可以用搜寻引擎找到解答的市场，纸质书的魅力都会消失。

出版者今天的情况，跟十九世纪的马车制造商一样，必须追问自己究竟从事的是马车制造业，还是交通工具业。

我们只有重新定位自己正在经营的行业，才可能在科技浪潮席卷之下，不致遭受没顶之灾。具体的问题将是：

我们是纸质书业者，还是内容业者，或者是一个供应资讯、满足读者需求的服务业？

纸质书在过去五百年的印刷发展史上，已经满足了几乎所有跟人类智慧相关的需求。从小说消遣，到食谱理财，从偶像写真，到哲人经典，到官民文书；那里的需求范围涵括学习、娱乐、求知、好奇、实用、慰藉、装饰到留念，无所不包。任何你想象得到的心理动机，几乎都有人用书的形式加以满足。

过去因为纸质书的资讯负载与读取效率，让上述需求在书籍的形式上完成供给，但在新科技的冲击下，不同类型的出版商必须重新追问他的读者背后的心理动机，把单一形式重新解放为不同的服务。我们已经看到很多实例：

1. 电子辞典商满足了快速查生字的需求，因此占有比传统字典商更大的市场；

2. 传统地图商转型为GPS行车系统，因此顺利转型为高科技厂商；

我特别注意到最新的一起，数字服务对传统纸质书出版社的重大挑战，这是来自博客搜寻引擎Technorati投入的新公司（非常指南Offbeat Guides），目标瞄准的是庞大的旅游指南市场。"非常指南"通过网络服务，为任何个人提供量身打造的个人专属旅游指南。他们直接挖掘网上的旅游资讯（从文化、天气到汇率），帮你想要走的行程建立最即时的独家指南，并且帮你印制成册。

是的，任何出版社现在都得问，我的书所满足的需求，会不会有人可以在网上直接挑战。

更快查生字的需求（字典），想要更有钱的需求（理财

第三章 产业将如何转型

书),希望更健康的需求(健康指南),如何更美丽、更成功、英文更好、做菜更可口、让猫猫狗狗更听话……传统纸质书原本就是对应不同的读者需求,如果现有的出版业者不考虑这件事(掌握读者真正的心理动机),那么很快地(也许不必一代人的时间),将有三分之一的市场最后由善于掌握电脑科技的公司所取代。

出版产业将会分为两个类型,一部分继续保有纸张才能提供的功能;而另一部分则化身成数以千万计的利基型服务业,满足读者任何细微的心理需求,所有过去因为印刷规模无法诞生的服务,未来都有可能在网上出现。

因此如果我们能正确地定位我们所从事的到底是什么行业,那么此刻就不会是出版业的黄昏,而是出版业的黎明。

白话Google Books争议

最近对Google Books扫描图书馆藏书,以至于跟出版业及作者联盟吵架的事情，觉得有点困扰，理论上的好事，为什么这么多人不高兴呢？所以我做了一点功课，把我自己搞不清楚的东西整理成白话文如下：

一、起先Google找了世界各大图书馆，扫描了所有藏书。

二、然后就打算把图书内容上网让网民查询。

三、然后开始卖广告收钱。

四、美国作者很不爽：我的书被你拿去赚钱，我一毛都没有。

五、作者协会和出版协会开始控告Google。

六、Google不得已只好找他们一起"坐下来谈"。

七、谈的结果是Google先付一笔赔偿金。

八、再把广告收入拿一大部分给新成立的"作者版权中心"，转分配给著作权持有者。

九、此后作者不能再来跟Google吵版权和广告收入的分配问题。

十、其他公司开始不高兴。

十一、首先是跟Google签协议的团体并不百分之百代表所有作者。

十二、那么多关联作者的心血结晶,最后却被Google所掌控。这样Google等于取得了不相称的数字书的控制权。

十三、其他想做同样事情的公司会因为超高的进入障碍(Google付了一大笔赔偿),使Google变成全世界最大的,也是"最后的图书馆"。

十四、这是为什么亚马逊、苹果、微软、Internet Archive大家都不高兴的原因。

十五、图书馆界的忧虑则是,数字档都在Google,定价权也在Google,未来图书馆的命运有很大程度会被Google所操纵。

十六、学术界则忧虑一旦Google成为全世界"最后的图书馆",那么一百年后,管理那么庞大的档案的公司还会是Google吗?影响整个学术研究的图书库,控制在一个私人公司手上,风险会不会太高?

十七、自由派的观点则是隐私权问题。Google的云端书库可以记录每个人读了什么书的资料,在爱国者法案的规范下,公民连思想隐私都将无法获得保障。

十八、但其他一般人则都很高兴,因为网上检索将会纳入人类知识史上最精华的部分。

十九、现在这个协议正在美国纽约州地方法院中等待判决。

作者大爆发与"出版社时代"的终结

出版业现在面临的不只是电子媒体的全面抢滩,也包括科技变化导致产业生态的"轴线翻转"。

根据美国鲍克公司统计,"美国新书出版量已经连续两年'年成长'超过十万种。2007年比起前一年,新书增长了十一万一千种,2008年更增长了十五万三千种。总计两年下来几乎使美国年度新书出版量,从不足三十万种一下子翻了快一倍到达五十六万种之多。"(见"美国新书出版大爆发")

电子书市场这两年在亚马逊书店"点火"电子书阅读器

(Kindle)的冲刺下,滚烫发烧,硬件畅销,软件火热,整体产业快速成型。台湾更是集产、官、学各界,全力规划大饼。内需旗舰计划、四年上达千亿台币产值、放眼华文世界市场等等。

世界各国不计,光是岛内,至少就有两家电信商要投入电子书销售平台,六家上市资讯大厂投身硬件电子书阅读器量产计划,其他原来就存在的网络书店、网站以及科技公司摩拳擦掌要进入这个市场的更不计其数。

但这些繁荣想象,可能会让我们忽略出版产业在电子书尚未诞生前已经启动的产业变化。电子书热潮只是在变化趋势上新增的助燃剂而已。

这个产业变化简而言之,就是出版产业链的板块变动。

过去出版产业由几个上中下游的角色串接而成。包括从最源头的作者、商品化的出版者、负责代工的印制商、担任物流与发行的经销商、直接面对终端消费者的零售商以及最后贡献产业资金的买书读者。

由于新科技的诞生，包括便利的按需印刷和电子书，几个重要的驱动力开始冲击上述这种传统的产业链分工模式。

第一个驱动力是出书门槛大幅下降

现在任何人都可以出书，你只要付得起印制一本"按需印刷"POD的资金（通常在几百块新台币以内），你就可以出书。出版一本书不再有技术门槛、资金门槛，以及编辑守门门槛。

第二个驱动力是发行成本消失

过去要发行一本书是个天大的困难，尤其对任何业外新手而言。既有的发行体系对陌生作者、陌生出版者充满疑虑，因为新书的退书率长期居高不下，所以经销商特别担心没卖掉的书退回来以后，能不能回收货款。

如果你无法取得业内经销商的信任，你的书几乎是无法送达末端书店跟读者见面的。拜了网络所赐，现在出书的人不再需要把一千本书送到五百家书店了，他们在一家线上书店就可以做全台湾的生意。

由于出书门槛变得如此之低,"新书出版大爆发"变成一个方兴未艾的现象。最明显的例子来自美国。如本文前面引述,两年之间"美国年度新书出版量,从不足三十万种一下子翻了快一倍到达五十六万种之多。"

而随着网上交易平台的快速成熟,更多麻烦将接踵而来:

一、第一个消失的是印刷商

在新的高科技(POD、电子书)出版产业链里,我们知道传统的印刷商角色已经式微,除非他们像永丰余公司投资元太生产电子纸那么有远见,不然完全的边缘化是可以期待的。而新的产业链里面临边缘化危机的还不只印刷商。

二、第二个遭遇麻烦的是出版社

下一个可能边缘化的就是行业的要角:出版社。

出版社在出版业里边缘化,听起来很不可思议,但这是真实的。事实上在古登堡发明活字印刷、出版产业刚刚诞生的时代,并没有"出版社"这种公司,那时候是印刷商一手包揽所有事情

（你至今还会看到某些西洋出版社保有他们印刷前身的公司名称Press）。

在今日的新科技演变下，我们反而很有可能退回五百年前的状态，执行复制图书的人身兼出版者、卖书人的角色，现在我们所熟知的"出版社"地位将空前低落。

原因是，现在所有的出版社大部分只持有五年有效期的出版权合约，一旦时限过了，出版权回归作者。理论上那个在网上销售的"图书"就不能继续贩卖了。

如果线上的书都有POD或电子书版本，那么对平台销售商而言，你猜他们会眼睁睁看着手上拥有的电子版档案，却只因为出版社不续约，而导致他们无法贩卖营生吗？如果是我，我一定会立刻跟作者商量，既然出版社不续约，不如改授权给我吧，只要一张授权，你的书就可以继续在线上销售了，而且，我可以给你非常非常高的销售抽成。

有多高呢？现实上，目前正在经营线上让作者自由上稿制作电子书的网站（如lulu.com或scribd.com），他们给作者的销售抽成通常高达百分之七十到百分之八十。这个数字是所有出版社都无法想象，也无法承诺的。

如果作者知道他的卖书所得，抽成可以如此之高，谁还会有兴趣跟出版社打交道呢？出版社那些家伙眼睛长在头顶，一件事情都要两个礼拜才有回音，学识又差，态度又不好，而且版税只肯付百分之十？

在这件事情上我很悲观，尽管我做了二十几年编辑，我知道编辑做了非常多的事，但现实上没有人会愿意接受一本编成的电子书中间会包含编辑加值，因此销售所得也要有编辑的贡献占比，而且即使出版权期限结束，档案权利也不全部回归作者，其中有一部分是属于编辑的……没有人会接受这样的想法。

结果就是著作一定专属于作者，出版社所做的事情最后只能是为人作嫁，不会留下任何资产。

出书这种行为开始了空前的繁荣期，对比的则是"出版社"

这种公司面临空前的困难期。看起来,作者大爆发正是终结"出版社时代"的前奏曲。

昨日所说的,今朝都到了眼前

2009年1月十六日,"中国时报"刊登出这则新闻《大牌作家投下震撼弹》:

美国畅销财经作家史蒂芬.柯维(Stephen R.Covey)跳过原出版商西蒙·舒斯特(Simon & Schuster),将两本畅销书籍的电子版权授权予亚马逊。

柯维可以从数字出版商罗塞塔书屋(Rosetta Books)在亚马逊销售电子书的净收入中,分得百分之五十利润。相形之下,一般主流出版商的标准则为百分之二十五。西蒙·舒斯特发言人罗斯伯格(Adam Rothberg)对此拒绝正面回应,仅表示重版书目的电子书版权仍属于西蒙·舒斯特,会捍卫相关权益。

这不禁让我有"昨日所说的,今朝都到了眼前"的奇怪感受。三个多月前我才写了这种事情可能性:"作者大爆发与'出版社时代'的终结"

出书这种行为开始了空前的繁荣期,对比的则是"出版社"这种公司面临空前的困难期。看起来,作者大爆发正是终结"出版社时代"的前奏曲。

唉,不幸而言中。

出版产业链重组效应:经纪人

当新科技大幅降低了出版门槛,并使得销售平台开始兼任出版、制作、经销、零售的混合角色,对整个产业链的影响,除了上文所说的"作者大爆发"及"出版社边缘化"之外,还有一个特别行业将会一并诞生。

那就是服务作者的产业。这个新工作事实上并不新,那是旧产业链里既有的功能,本来留在大部分出版社的工作机能里面,但随着出版社的弱化,这个机能只好单独释出。以下稍做解说。

作者的专长是内容，过去要把一份内容变成书，光在技术上就需要找得到排版人员排版，了解一本书稿如何可以处理得适合印刷，找校对，找封面设计，申请ISBN，跟印刷厂讲价钱，确保印刷过程可靠准时……

大部分作者无法掌握这些事，不只是经验问题，也因为效率问题，你花了大力气熟悉所有这些细节，只为了做自己的一本、两本书吗？没有人会觉得这么做很划算。

所以在旧的产业链里，这些事情由每年要出版数十、上百种书的出版社去处理。他们每找到一个省钱的方法，就可以应用在未来几百本书的作业上。效益杠杆非常高。

而编辑经手处理的事情还远远超过这些，他们经常在书稿尚未出现前就成为作者讨论的对象，甚至那本书的起因，可能就是来自编辑的提议。给作者提供读者观点的建议，对内容、结构、方向的讨论……所有这些事，未来即使出版社不做了，仍然需要有人做。

最大的可能那会是一个作家经纪之类的公司，负责打点所有"旗下"作家的大大小小事务。

以美国的例子来说，起先经纪人就是帮作家卖稿子，他们不像作者有文人的面子问题，可以跟出版社讨价还价，可是随着时间过去，愈来愈多经纪人开始扮演起读稿人，挖掘新作者的角色，甚至涉入愈来愈深，从写稿阶段就开始给意见。

作家经纪人很可能最后变成独立的产业环节，或者出版社被迫转型的主要业务。但到那个时候，尽管出版社可能仍然挂着"出版社"的名号，他们和作者的营业拆帐比例恐怕将会完全不同。

经纪人甚至要揽下所有相关的作家品牌的行销计划，他们不能只卖书，而必须经营"作者"这个品牌。

因为未来随着"作者大爆发"的结果，出书门槛消失，出书速度加快，书种变成十倍量，任何针对单一书的行销，都会变得空前困难。只有全方位经营作者品牌的公司才可能在行销上占据优势。作家的品牌经理甚至也会出现。

现有出版社除了走这条路，还有别的出路吗？当然。请待下文揭晓。

如果出版社没落，出书的品质谁来把关？

前几篇讨论作者大爆发会产生的影响，其中一个结论是"出版社"的角色将空前低落，产业生态将从现在的出版社主导，转为作者主导。

有学界朋友很忧虑地说，如果出版社会没落，那谁来把关维持出书的品质水准呢？只靠作者出书真的能让读者信赖吗？

这个议题非常有趣。

由商业出版社出书，代表你和你的书被出版社肯定，承认"是那么一回事"，有一定程度，有出版价值，不是自己花钱、出给自己爽的自费出版品。所以全世界读者对自费出书都有这样先入为主的成见：

自费出书？想必是你的稿子到处碰壁，根本没人要，你才会"沦落"到要自费出书吧。

如果自费出书的名声那么糟，出版社岂不是可以用"品质保证"作号召，打造自己的品牌，保证每本书的水准，让作者以"在本社出书"为荣？有了这个冠冕，何愁作者不来、出版社不能生存？

这个议题是真的，但问题并不像表面所见那么直接。以下一项一项讨论：

一、"主流的书品质可靠"，这件事在现实上不是真的。一本书被主流商业出版社接受，唯一能够确认的是，出版社认为那本书有市场价值。品质是因为他们发现一本书如果要有市场价值，必须要有足够品质，他们才会对品质多做一点事。他们可能做得好，也可能做不好。

二、大部分时候我们不是因为品质而买书。太多有品质的好书跟我们的生命无关，研究量子力学的好书，指引程序写作的好书,如何修车,托福题库大全……所有这些好书我都不会买,你送我我也会说不要。

三、换另一种说法,我们现在把"值得看的书"寄托在"由商业出版社所出版"这种指标上,这种想法既不准确,也不聪明。

四、在比例上,确实出版社出的书品质通常比自费出版的书要好上一点。但这无法阻挡出版社将会没落的命运。

五、事实上我们的焦虑是哪些书才值得看,出版社只是我们寄托希望的"参考"。

六、大部分好书对个别读者都是无意义的,我们要解决的问题是,如何辨认哪些书值得买、值得看?

七、最好的辨认标记,一是作者,二是新闻,三是通路推荐,四是亲友推荐,五是专家书评,最后才是出版社品牌。

八、出版业内只有作者品牌和通路品牌。大部分时候读者买了一本书,他记得在哪买的,也记得作者是谁,但通常不记得是谁出的。只有极少数书迷等级的人才会对出版社如数家珍。

九、读者会固定去他习惯的书店买书（包括网络书店），这是经营通路品牌有效益的地方。畅销作家的下一本书通常也会继续畅销，这是作者品牌有力量的地方。

十、有品质口碑的出版社，很难让他出的每本书都畅销。读者信赖出版社、不假思索就买他们出版品的机会，实在太少、太少了。一个品牌如果不能把形象转为收益，那么这个品牌价值也实在够没价值的了。

十一、未来出书都没人把关，像话吗？现在台湾出书也没人把关，你随时想出书都要得到台湾图书馆发的国际书号。只有你想找商业出版社出书时，才会有人嫌你的东西不好（不是品质不好，而是市场价值不好）。

十二、我们现在要做的事情就是放弃"只有商业出版社出的书才值得读"的幻想，开始问有哪些方法，可以更精确地回应我们对书的不同需求。

十三、出书不需要把关，看书才需要把关。编辑帮你过滤作者的时代将会过去，每个人都可以自由出书，剩下的问题是你如何找到想读、可读的书。

十四、未来我们应该会更倚赖社会性网站、书评网站、销售平台，告诉我们哪些书更好、更可靠、更有价值、更值得你掏腰包购买。我们不需要再依赖出版社品牌为我们做这些事。

所以结论是什么呢？出版社在电子书时代的价值，无法单靠营造"有品质的出版社"形象就能存活。出版社品牌在虚拟时代，无法胜过作者品牌，这是难以翻转的实情。出版社不会因为拥有微薄的过滤甄别好书的价值，而继续成为行业的主导者。

此外电子书平台也消解了出版社许多功能，他们不但直接跟作者打交道，也提供读者更多工具，更多来源，更多判断书的依据。

因为出版太自由的缘故，任何人随便出一本书的结果，是它会淹没在几十万种的书海之中。作者要找到读者，比现在更难几十倍。读者则需要更有效率的方法，协助辨认数量更多、更良莠不齐的电子书哪些值得买、值得看。

今天我想看小说，明天我想学做菜，后天我要去旅行，全世界没有哪个书评推荐可以满足这么变幻莫测的读者需求。

只有WEB2.0时代每个读者个别贡献所知，每个人共同分享群体的智慧，一个串连每个个别网友的阅读意见的汇整平台，才有机会成为有效的解决方案。依我所见，到目前为止仍然没有哪个网站比得上Amazon.com。

而出书的作者呢？如何找到一种解答，有人可以跟他讨论写作方向，协助处理技术细节，包装成看起来很值得购买的商品，并且快速发布上市消息让众多读者在短时间就知道一本书又上市了……呢？

这是另一个题目了。我们下回再谈。

如何让电子书内容可以大量诞生？

前文讨论了"为什么台湾能上架的电子书这么少"的问题，三千字的文章说来冗长，但总结起来原因倒也简单，七十三字可以说完：

1. 出版社手上其实没多少书可授权；

2. 即使有书，授权意愿也不高；

3. 剩下有意愿的，也会被转换成本打败；

4. 没有人像Google一样供应公共书目。

照这样分析起来，好像台湾不用发展电子书了，因为问题简直无解。不过尽管困难，解决之道还是有的。但如果我们还是把注意力放在出版社身上，解题的难度就会很高。追本溯源，我们的目标应该对准源头拥有电子书权利的人，也就是作者。

感觉好像我正在主张电子书产业要绕过出版社，直接跟作者打交道？

是的，以台湾情况来说，没有作者支持，任何产业链都不可能成型。出版社手上既然缺少电子书权利，我们（是的，我是出版社中人）就注定会是这个游戏的边缘人。现在经营电子书平台的人，不必担心会不会因此而触怒出版社，因为以现实来说，新的电子书产业链上出版社恐怕也没有什么发言权可言。

（我为什么如此唱衰出版社？一、我不觉得这是唱衰，出版社有别的路要走；二、唱不唱衰并不以个人意志为转移，即使我不"唱衰"，出版社也不会因此就"不衰"。）

除了作者以外，还有几个拥有大量内容的来源，足以让电子书内容大量诞生，以下一并讨论：

一、必须鼓励直接服务作者的产业

过去整个出版产业的主要目标是服务读者，未来得要有相当大的比重转而服务作者。为什么这么说呢？因为电子书权利的源头在作者，你不让作者觉得方便、有益、安全，作者就很难安心放出电子书授权。

而更重要的是，当服务作者的产业链成熟，你会吸引大量过去无法出书的非传统作者加入电子书阵容。以美国"作者大爆发"的盛况来看，当出版门槛大幅降低以后，过去跨不过门槛的人，这时全都出现了，想出书的作者会让全年的新书量"瞬间"

倍增（说是瞬间，事实上也是需要过程的）。

如果换算回台湾的情况，那会相当于我们每年要多出四万个作者、多出版四万种新书。这四万种书里面确实有很多会不太可靠，但披沙沥金，未来所有畅销作家、人气天王，全部都会从这种出版型态孵育出来，一路熬出头。

（新的出版型态因为没有门槛，所以数量才会如此惊人。而品管呢？将会由新的评论系统来完成，类似米其林评鉴在餐饮业的角色，图书业的评鉴系统也会愈来愈重要。不过这是另一个题目了。）

什么样的服务才有办法吸引这么多的老作者、新作者大量出版电子书呢？

其中最重要的首推完整中文化的自助出版平台。一个"让作者不需要烦恼技术问题、发行问题、行销推广问题、收帐问题，只要专心写作就能持续获得回报"的出版发行销售平台系统。

如果台湾能够有类似像Lulu.com、Smashwords（请参考

"阅读迷走"的介绍）或亚马逊DTP那样的自助出版平台，作者一定会快速增加。如果像POPO原创网这样的网站，对读者阅读界面能够更友善一点，那会同样增加网上创作发表的人口。

国外这些平台不只是让人"自费出版"，他们服务的范围，几乎把所有作者会面临的困难都想到了。从写作面的文稿编辑、错别字校对，到发行行销面的书名、封面设计、代客申请ISBN、图书上架，甚至让你在一站出版，就能在全世界销售，帮你把书上架到几家市占率最高的电子书书店（Kindle、nook、Kobo、Sony）等。

作者唯一要做的是，决定你需要哪些服务（然后放入你的购物车）。

协助作者出书、发布书、让他的书快速为大众读者所知，并且将超过百分之七十的销售所得分给作者。这样的平台会刺激作者开始在上面出书，不只老作者会受吸引，新作者也会因此而受到激励。

二、承认电子书制版权

如同前文所说,纸质书档案要转换为电子书,代价惊人。对许多持有纸质书制作档案的人而言,如果辛辛苦苦转换出来的电子书,最后却很轻易地被人随手接收,他当然不乐意。

因此电子书产业应该给转换完成的电子书档一个明确的法律保护。如同在纸质书时代,著作权法对"制版权"也给予保护一样。

纸质书的"制版权"限制在公共领域图书的出版,电子书的制版权也许也可以做相同的限制,这样对底下要说的图书扫描,也会产生正面促进价值。

三、合作扫描公共领域图书

Google跟全世界的大图书馆合作,总共扫描了超过一千万册的图书馆馆藏。Google现在不只自己在线上免费供应公共领域图书的电子书档案,也协助亚马逊以外的电子书阅读器可以存取它整理好的书目,让他们在可下载书目上大幅超越"点火"电子书阅读器。

这是一个胸怀远大的商业公司所做的精采决定。尽管它的扫描政策在有版权图书上争议很大，但是一次扫描，可以供应各方，光是这一点成就就让人叹为观止。

台湾应该开始学习Google，我们不需要投资重复的资源耗费在扫描相同的书目上。每个硬件生产商、平台制作商应该好好坐下来，组织一个公共领域图书扫描计划，各自分派扫描任务，从"国图"、台湾分馆、台北故宫、台大、"中研院"等图书馆里挖掘公共领域图书的宝藏。

现在我们典藏珍贵图书的机构，拿着公共财当成生金蛋的金鸡，复制要收钱，复本要收钱，再利用也要收钱。问题是这些公共图书，只有纸张部分是它们要保护的权责范围，而内容部分，则早已是全民共有的财产。

我们的管理机构则透过限制复本的方式，轻易就把公共财变成了机构的私有财产。公共图书无法为全民使用，这实在是现代社会的耻辱。

四、政府出版品应该直接出版电子书

既然政府的策略要推动电子书出版,却放任自己辖下的公共部门继续出版纸本书,这个在道理上就很难站得住脚。

台湾一年至少也要出版几千种政府出版品,强制的电子书出版策略可以加快电子书市场成型,也可以提升政策推动部门对电子书的理解,包括规格、发行、阅读等细节,不至于闭门造车。

另外一个不直接属于政府管辖,但也应该可以要求制作电子书的是教育部该管的博、硕士论文。台湾每年要生产上万篇博硕士论文,教育部不能只发文凭,而不管那些论文或者束诸高阁,或者变成民间公司的营利标的。

如果博、硕士取得文凭的条件之一是把论文制作成电子书、上线、供同行公评。我想这对台湾的学术水准、公众利益与电子书产业推动,都会有莫大的好处。

其中一个最妙的好处是,有程背景的研究生会为了方便自己完成一本电子书,而努力开发出一个便利、好用的写作、编辑、

出版程式出来。

亚马逊以一家公司之力推动电子书,如果从2003年发展"Search Inside"技术开始算(这一年它开始说服出版社授权建立电子书档案),前后已经发展了六年,即使从"点火"电子书阅读器上市开始,也发展了两年(这还没算事前研发的时间)。

电子书产业是个实事求是,稳扎稳打的产业,每个环节都要准确可靠、真实有料,如果每个环节都有料,产业链的成型也是顺理成章。但这不会是一个月、两个月的事,甚至也不会是一年、两年的事。只不过我们如果不做基本功,那么即使过了十年,什么事也是不会发生的。

"独立选书人"的诞生

在前文"如何让电子书内容可以大量诞生?"中,我说:

新的出版型态因为没有门槛,所以数量才会如此惊人。而品管呢?将会由新的评论系统来完成,类似米其林评鉴在餐饮业的角色，图书业的评鉴系统也会愈来愈重要。

事实上不必等到电子书时代到来，此刻我们置身的纸质书时代，图书的评鉴、推荐就已经是整个产业链中非常重要的支柱，我几乎无法想象没有评鉴、推荐的图书产业。

也许有人会问，现在的台湾也有评鉴、推荐系统吗？你说美国我还同意，你说台湾？……

表面上看，台湾没有像美国那么强大、广泛、几乎每本书都找得到第三方评论的评鉴、推荐系统，但事实上我们每本书确实也经历了严格的淘汰筛选，才得以出现在各位眼前。那是谁在做筛选呢？

答案是"通路"。

通路的黄金动线有限，不分实体或虚拟都是如此，太多的书要争取太少的曝光位置，所以通路必须重视这个可贵的销售资源，好好把具有最大销售潜力的书，准确地放在最显眼的地方。

书太多，不是未来才发生的事，而是现在、眼前我们每天的遭遇，这个现象已经跟着我们至少十五年以上。现在店销书市场一年上市两万种书，书店每个月入库二千种，如果你一个礼拜看完一本，在这同时市面上又会多出另外五百本来。

别说你看不完这些书，光是要瞄一遍书名、作者，一个月两千本的总字数至少也有三万字。只看书名你能开始买书吗？这当然不行，对大部分读者而言，如果没有更多辨别线索，我们根本无从选书。

新书的出版量愈多，通路的过滤筛选功能就愈强。甚至强势的通路还会延伸他们的影响力，干预到出版社的书名、定价、封面设计。你很欣赏某某通路的独家封面、编辑推荐、每月选书吗？那正是通路评鉴、推荐的结果。

卖书的人如果不引导销售，规划他的读者能够看到的优先顺序，那么读者可能会发觉这个书店的书太乱，太无次序，太好坏不分，店主人缺乏对书的理解和主张。没有性格或偏好的书店，对喜欢挖宝的人可能是好事，但对固定买书的人却是坏消息，因为所有书都要他自己筛选判断。

强势通路为了过滤筛选，要花多少代价呢？以博客来为例，他们有十五个ＰＭ，处理哪些书要放在首页，放哪里，放多大，配什么活动，做什么特价或赠品，加什么评论，进什么栏位等等。

如今书店不再是新书被动亮相的场合，而是精选与臆测读者偏好的实验场。每家书店都要变成评价过滤系统，不然读者看到滥竽充数的比率将会非常惊人。而书店采购如果无法担负评价过滤的任务，他将会发现读者就要离他而去。

所以在过度饱和的市场上卖书，入门核心是推荐、筛选和过滤。在书店，表面上是你在选书，但实际上是书店先筛选了一轮，剩下的才呈现在你眼前。

现在我们来看新书量可能会翻倍的电子书时代，推荐筛选在卖书上的角色就更重要了。两种时代的差别是，未来的书店不再彼此较量仓管和物流能力，这样决胜关键就全部会落在筛选、评价和关联上。

过去建立在纸张基础上的营业力,在纸张消失后,变得毫无意义。过去要大量储备的库存现在不用了,过去要费心维护的二十四小时到货,现在没有价值了。

新时代的卖书产业将由供货战(有库存加二十四小时到货)转成资讯战(哪些是好书,哪些值得买)。

这是特别有趣的差别。供货战需要庞大的资本和营运管理,而资讯战呢,基本上只要有个人的脑力就可以开张了。这是为什么即使在纸质书时代筛选、推荐已经是卖书的第一关,筛选功能仍然无法成为可以独立的事业——因为"供货战"部门掐着营业收入的关口。

省掉纸张部门以后,未来的卖书生意一边是大型的云端平台,另一端却会是一个个独特品味的选书人。最阳春的选书人甚至可以只靠着邮政划拨帐号和电子邮件寄档案就可以开始独立卖书的事业。

那个模式跟美国的"每月选书"和英国的"好书指南"非常

接近。这两家读书俱乐部不会把所有上市书都搬上书架，他们只精选当月数量不多的好书，让自己的会员订购，在纸质书时代，他们要有采购、下量、仓管、理货、收单、物流……营运成本居高不下，但电子书时代，甚至一个人就有可能营运一个相同功能的销售事业。

过去在博客来或亚马逊之外，独立的评书人能够从推荐交易得到的报酬只有成交额的二至四个百分点，现在他们有可能拿到十倍的报酬比例。头脑清楚的新作者有可能用五五对拆的比例，鼓励站外的推荐者（例如这个人愿意支付百分之五十抽成给介绍成交的人）。

选书人的回报收益大幅提升，读书俱乐部再也不必依附在实体书店系统才能产生营收，这两件事情让电子书时代的"独立选书人"，第一次有机会成为一个真正可以维生的职业了。这对读者、作者、爱书人应该都是好消息。

第四章　出版业者应该怎么做？

在这种时代，应该做什么才不会被时代淘汰呢？

出版社的终极问题：内容是谁的？

面对出书门槛大幅降低的现实（见"作者大爆发与"出版社时代"的终结"），过去作者仰赖出版社的情势逆转，未来换成出版社仰赖作者了。由于作者太容易取得出书机会，出版社要留住作者的代价，就会高到最后他们无法负担。

这时候出版社会发现，他们现在持有的通常只有五年出版期限的主流合约，并不那么稳定。时间很容易过去，作者很容易流失，而出版社能支付的代价没人看得上眼。

如此一来，出版社变成没有稳定旧书（backlist）的公司，大部分营业额都得仰赖新书。不幸的是新书有一种昂贵的成本叫做

"前期成本"，出版社付出了前期成本，五年后出版合约却可能转移给某家销售平台。出版社负担最大的支出，但最长期的收益却由别人收割。

由于这个缘故，想要在这个行业稳定发展的公司最后一定得问"内容属于谁"。不然长期处于缺乏稳定旧书支撑的公司，经营风险会非常可怕。

如果你继续跟作者签版税合约，那些内容就永远只是暂时拥有。你在上面投注的心力，经常就会为人作嫁，最后空手而已。唯一的办法是出版社必须改变取得内容的商业模式，从五年合约转变成长期持有。有这么简单吗？几个可行的方法包括：

一、签下没有终止期限的版税合约

这大概是所有方法中最困难的，只是聊备一格，留在这里做个纪录。

二、改用稿费模式购买内容

现在还有作者愿意卖断他的稿子吗？当然。这中间有个小细节需要注意,那就是你只要购买作者某些内容可以长久使用的权利就行了,不需要买下完整的著作财产权。作者可以再结集,重复运用,而不妨害你前面的使用权。

现在报社、杂志社的稿子,都是这样的例子。

三、善用编辑力提案、规划

用编辑力提案的方式组稿、整合,这不仅出现在杂志专题,也出现在许多图书出版计划里。不仅实际有许多书籍已经出版,而且获利情况非常稳健。我自己的编辑部就有一些这类的出版品,其他友社范例更多,甚至还有出版社专门以这样的型态运作,例如"易博士"。

四、做任何单独个人无法独立完成的案子

最简单(但可能最昂贵)的例子就是做百科全书。当然现在做百科可能有点神智不清(但其志可感),除了百科以外,单一作者无法完成的企划仍然很多。这虽然也需要编辑力,但另外有些门槛是普通个人无法独立超越的,譬如智力密集或资本密集的程度。

如果出版社拥有这两种门槛之一，未来就不容易被作者大爆发的产业形势所淘汰。既然产业环境已经转向个人、微型出版兴盛的时代，出版社只好被迫向成本更高的利基市场转进，不然留在现有市场注定是缺乏竞争力的。

出版社已经不能再以五年出版权的心态继续工作了。作者导向的内容必须让位给作者（和服务作者的经纪人），出版社必须转向编辑导向的内容。

最后还有一种方法，出版社必须结合编辑力量和IT技术能力，往新的路前进。这将是一篇新文章的题目，我们下一篇再聊。

重新定义出版业：蓝海在哪里？

这一年到各处演讲"出版的未来"，我总会提出一个思考题吸引注意力，题目是：

过去做字典、百科、图鉴等工具书的出版社，如果还存在的话,现在都已经变成经营资料库的公司;做的内容没变,但表现方式、存取途径都变了。

我的问题是,现在这些做在资料库里(更新的或者是原生)的内容,一没有出版,二没有发行,它们只是静静躺着等人检索;那这些公司还算是"出版社"吗?还能算在"出版产业"里面吗?

同样是做百科,维基百科可以归在出版业吗?同样是画地图,Google Maps可以归在出版业吗(既然纸地图过去也是出版大宗)?

当一家出版社不出书,不只纸质书不出,连电子书也不出,改成做网站,架资料库,提供查询服务,甚至开发应用程序让使用者安装在电脑上,外表上看来完全就是个IT公司……这样这种公司还能算是出版社吗?

这些问题不是假设,而是真实现况的描述。

大英百科现在是个标准的线上服务公司;打败纸张字典,从做硬件的无敌电子字典，到做应用程式的Google工具列翻译器，他们做的事情从内容的角度看，是一样的，只不过他们把内容放到了某种使用者觉得更便利的接近途径上，因此取代了过去这些内容在纸质书上的优势。

许多做专业资料库出版的公司，现在已经都变身为数字资料库服务的供应商了。传统出版公司所面临的冲击，并不是电子书会不会消灭纸张，而是你辛辛苦苦产制的内容，读者愿不愿继续用纸张存取（如果大家都觉得网络更方便，你的纸张就输了）。

对于做工具书的出版社而言，这是非常简单的选择题。要嘛重新思考把内容放到更能够满足读者的路径上；要么被别的业者抢先放过去，导致你原有的市场被接收。除非你不想继续营运，否则这个选择题根本没得选择。

过去要做字典，那是个伟大得不得了的出版决策。不论从学富五车的学术主编，到工程浩大的编辑流程，以及支持这一切的雄厚资本，你推出东西总要有一点水准，才敢端出来，受读者公评。

可是如果今天梁实秋（远东辞典前主编）九泉之下有知，你让他看看Google工具列上面显示的那一排简陋的"翻译"，他一定无法理解，为什么那么阳春的内容，竟然能打败他皓首穷经、数十载寒窗苦读才编纂出来的英汉辞典！

（我去年看到无敌电子字典广告，强调的不是他的主编多权威，而是他的外壳有贴施华洛士奇水晶。）

对我辈出版人员而言，同样的困扰则是，为什么连搜寻引擎公司也变成我们的竞争对手了。从"出版业"的角度看，这件事是无法理解的，两者做的东西从形式到外观，差距都太远了；但从"提供生字解释"的角度说，Google工具列确实消灭了许多购买纸字典的需求。

所以这种天问是不会有人怜悯的，读者并不问你的内容有多伟大，他只问你的内容能不能满足需求，快速、有效地满足。如果能满足，"阳春的一行"也可以广受欢迎，如果不能满足，再伟大的内容也可能会被读者遗弃。

出版业者（尤其是非文学、工具书业者）今天面临的问题，跟十九世纪的马车制造业者很像。当汽油引擎开始安装在车架上的时候，马车业者得问自己，我到底是从事"马车制造"业，还是"个人交通工具"制造业。

你如果坚持是"马车制造"，我们当然都知道到了二十世纪，那个结果是什么。如果你选择是"个人交通工具"，那你就得提升自己的能力，以便驾驭从马匹到汽车引擎的科技升级。如果你无力升级，最后还是可能被淘汰。

现在出版产业面临的问题，就是"如何定义我们所做的到底是什么行业"的问题。

如果做字典，你不该定义自己是字典出版者，而应该定义自己是满足读者"查生字"需求的行业。如果做地图，你不该定义自己是地图出版者，而应该定义自己是协助读者抵达目的地的行业，在这种情况下，你要进入的市场包括行车导航、GPS定位、旅游行动指南等，你不进这个市场，那些高科技业者很快就会来淘汰你。

出版业不再是笼统混一的出版业。在高科技的冲击下，出版业拆散碎成千千万万个市场。这看起来像是个坏消息，可是这千千万万个市场，却正是出版业者可以大展身手的地方。唯一的苛求是，你必须准确地定义它，找到真正的读者需求，克服科技的鸿沟，推出真正有效率的内容服务。

我们不用再问它是不是一本书，会不会被盗版，怎么定价，销售平台给我几成拆帐；我们要问的是：读者为什么需要这个内容？最有效率地满足这种需求的形式会是什么？

如果最有效率的答案是纸张，那我们就应该制造纸张；如果答案是电子书，我们就该做成电子书；如果答案是网站，我们毫无疑问就该把那些内容做成网站。过去纸质书把许多阅读、非阅读的需求，收纳成纸张形式出版，现在是解放的时候了，我们得重新辨认每个需求的最佳形式。

这才会是出版产业最大的蓝海。

建立以自由复制为动力的数字出版产业

纸质书的电子化,现在在业者之间最困扰的问题,大概就是DRM(数字权利管理)了。该不该有DRM呢?有的话,该用什么方式、管制到什么程度?没有的话,结果会怎样?风险可以承担吗?

截至目前,全世界完全放弃DRM的,只有很少数几个案例(例如以出版电脑书知名的欧莱礼出版社),绝大部分出版社面对这个问题,通常都显得束手无策,只能用最小风险的方式思考。因为出版社不只要面对自己业绩的问题,也要承担来自作者的忧虑。

最后结果变成出奇地相似,大家都希望电子书采用最严格的DRM。最严格的DRM可以举亚马逊书店的点火电子书阅读器(Kindle)为例,你只能从专属的线上书店购买电子书,下载的电子档只能存在专属的机器,用专用的程序打开阅读。

你没有现成的办法可以把档案复制出来，存到其他电脑，更别说借出或赠送了。最夸张的是当亚马逊发现它错卖了一本书给你，它可以在事后反悔，从远端进入你的电子书阅读器删掉它前面卖给你的档案，退钱给你，取消交易。

这是2009年真实发生的案例，亚马逊的夸张行径惹起莫大风波，最后是以亚马逊认罪、道歉、赔偿、保证以后绝对不再做同样的事情而总算平息。

DRM不只有生意衡量的角度，由于DRM对内容流通的管制，让许多自由派团体视为"罪恶"，必欲去之而后快，你会在网络上看到许多高举正义道德大旗的主张，俨然让DRM议题演变成"政治正确"问题，而让人难以平心静气地讨论。

但愿本文能够避免再为这些纷扰增添更多无益口水，我只希望能够真正对问题有澄清，对产业有帮助，对事情的发展有积极意义。以下是我的DRM思考：

一、著作权和DRM是两回事。线上的著作权难以管理，不代表著作权本身是过时概念。

二、著作权有许多分项，复制权只是其中之一。著作权还有人格权、修改权，和其他复杂的延伸权利，如语文、地域限定、改编为电影等权利。现在在线上发生问题的是复制权，其他著作权利在线上环境反而适应得很好。

三、用或不用DRM，只是"管理或不管理"而已。不用DRM的话，不代表我们就要抛弃著作权，也不代表我们不能给著作定价、在线上买卖。不用DRM只是不管理，或者说不保护著作的复制而已。

四、同样的，要用DRM也不代表我们只有亚马逊模式可以选择。

五、整个纸质书出版产业会诞生的原因，是因为快速且廉价的大量复制技术（也就是印刷术）的出现，但出版产业会成为一个稳固的行业，则是建立在纸质书复制与发行的高门槛上的。当数字档的复制和发行成本趋近于零，新时代就来了。

六、人人都可复制，人人都可发行。过去的高门槛现在消失，使得"盗版"在现实上不需要"下决心犯罪"就可实现，法律和道德的边界就变得模糊（我只是把档案放上网络嘛，谁知道一下子有那么多人来下载……）。

七、纸质书产业靠着复制门槛而维系，数字书产业如果还是想靠"复制门槛"来做生意，一方面这是逆势而为，反潮流的行为，二方面这会是人为制造的门槛，禁不起技术挑衅，也很容易被新的、建立在数字环境的竞争模式打败。

八、当读者都转移到新世界，我们还希望在新世界继续过旧日子，怎么看都不会是好生意。

九、低成本是麻烦，但也应该看成机会。我们能不能把数字复制的低成本，转变为推动产业发展的新动力呢？

十、数字时代的出版业，应该建立在自由复制文本的基础上，而不是建立在限制复制的基础上。只有充分利用数字环境低成本复制力的商业模式，才算是原生在数字时代的产业，才会在数字时代具备最大的竞争力。

十一、在数字环境任凭著作自由复制，不必然会损害著作的商业利益。事实上当读者在网上世界同时面临合法和非法（付费和免费）的两种下载选择时，有相当比例的读者会选择要付费的那个选项。

十二、这个"愿意选择付费"的比例，是新形态出版业是否能成功的重要关键。如果比例可以保持恒定，那么愈大的读者层分母，乘以这个（恒定的）付费比例，就会得到愈大的商业营收。

十三、通过自由复制把陌生读者转变为忠实读者，透过恒定付费比例把忠实读者转为实际营收。这将是出版的新形态。

十四、如何提升付费的比例，将是个值得研究的好课题。提升付费比例最好的方法是动之以情（作者付出那么多，你应该给予回报，而不是诉之以法，用起诉威胁）。

十五、著作权里除了复制权以外的其他权利，每一个都是值得"开采"的金矿。而这些金矿得力于自由复制的效益会更高。因为你的读者基础愈厚，你的任何权利都会水涨船高。

十六、人格权就等于是作者品牌。对许多新作者而言，在电子书上加以最周密的DRM保护，事实上是对他的作品最"合法"的封锁，对作者品牌推广制造人为障碍。

十七、如果你没名，你的书不管有没有保护都不会有人想盗版；如果你非常有名（像丹·布朗），你的书不管有没有保护都会有一堆盗版。没名的希望有人盗版，有名的希望不要有盗版，可惜他们的愿望都不会实现。

十八、改编为电影、电视，是美国小说作者的极重要收入，这件事情在台湾始终没有成型过。如果人气作者可以因为自由复制而浮现，这种收入终究会开始出现。

十九、铸造了"WEB2.0"概念的著名出版人欧莱礼说，"成功的网站都懂得先放弃某些坚持，以换来更为珍贵的回报。"

二十、出版产业如果要在数字环境存活，势必要放弃对管制复制的坚持，以换来其他回报。

简单摘要一下。本文的逻辑是，我们不能把数字时代的最大特色（低廉的复制成本）当成敌人，直接把纸张逻辑建立的商业模式移植到数字环境来，那个路一定走不通。反之，只有把"低廉的复制成本"当成建立产业的动力，这样的营运模式才可能在线上长久持续。

"建立以自由复制为动力的数字出版产业"，这一条路几乎是无可逃脱的，愈早面对，愈能在数字世界里取得先行的位置。

现代文字工作者必须知道的UTF-8

这一阵子研究电子书问题，发现台湾出版业内能供应的电子书单很少。原因除了各种结构性理由之外，还有个让人傻眼的技术问题，那就是大五码（Big-5码）的遗患。

过去在早期的Dos、Windows时代，台湾电脑界为了让中文电脑能够用中文沟通，业界参照台湾教育界的常用、次常用字表，自行定义了业内通行的一万三千零六十字中文内码，通称为"Big-5码"。然而教育界的字表考虑的是一般语文传播，却漏掉了许多人名、科学术语使用的罕用字，带着那些字的专有名词一旦走红，罕用字立刻会变成常见字。

例如王建"煊"、游锡"堃"、青"　"、大"麦"、消化"酶"等字。多年前我做百科的时代，第一次听到电脑里面没有"酶"这个字的时候，我的惊讶至今记忆犹新。"酶"在科学类书里实在太常见了，而每次出现我们都没有别的办法，只能个别造字。

大五码的缺点虽然明显，但不幸的是使用大五码的中文系统（国乔、倚天）却很成功，甚至微软推出视窗中文版时，也不得不跟进采用大五码。结果是所有兴高采烈使用电脑的文字工作者长期被制约，认定有许多罕用字是电脑打不出来的。而不知道电脑环境在这几年已经有重大改变。

这几年新推出的作业系统、文字处理程序、输入法、浏览器和中文网站，百分之九十九都直接支持万国码，尤其是UTF-8编码格式，在英文以外的网页上UTF-8编码几乎有一统江湖的味道了，但了解这个大变化的文字工作者，包括作者、译者、编辑、排版美编，却非常稀少。

至少有五成的人仍然使用旧系统，或者旧文字处理程序，而其他已经使用新系统或程序的人，也极少人知道他们已经可以打出几乎所有罕用字了。作者、译者不知情，编辑不知情，美编也不知情，所以到现在你还是可以在网上看见"方方土""火宣""酉每""吉吉"等拆字法的拼字。

现在出版的新书如果还需要造字的话，几乎可以肯定其中有九成都是不必要的，因为你已经可以直接打出那些字，不需要重新造字。除了Word2007以前的版本还不支持万国码以外，你在这两、三年购买的电脑，从作业系统、字型、输入法到浏览器，绝大部分都已经支持UTF-8编码了。

这就是现代文字工作者必须知道的UTF-8，你不用知道太多，只要知道UTF-8已经解决了很多罕用字问题，就行了。

身为一个文字工作者，你得像古代的文人一样，知道一点写作技术和好用的工具。古人要知道的是什么笔好写，什么纸好用，什么砚台容易发墨，而现代作者最好也应该知道一点UTF-8（以及CSS和HTML）。

最后介绍一下中推会的全字库。那里有很棒的注音、笔画、部首查字界面，如果你有任何罕用字一时打不出来的话，全字库的复合查询还挺好用的，把那个字找出来，你的配合美编就省下了造字的工夫，而你的电子档也免除了未来转档转出乱码、怪字的困扰。

为什么"EP同步"好像很困难？

最近出版业界大家都在热"EP同步"，什么是EP同步呢？基本上就是指电子书（E）和纸质书（P）可以"同时做完"的意思。

这件事为什么热呢？原因是电子书热了，大家不免要想，何不在做纸质书的同时，顺便也把电子书给它做一做呢？既然我们作者交来的原稿也是电子档，编辑部制作完成的排版档也是电子档，从电子档转成电子书应该很简单吧，EP同步岂有困难哉？

结果还真的很难。

排版档虽是电子档，但那是为印刷而打造的，从排版档输出印刷网片，甚至输出PDF档都很容易，但在我们现有的工作流程里，排版档要输出电子书档，却少了一种关键资讯，那就是"样式"（样式是InDesign使用的术语，QuarkXPress则称为"段式"）。

"样式"这种东西是要告诉排版软件这些事情：这是章名（级数要大）、这是小标（级数小一点）、这是内文（用细明）、这是引文（所以要缩排），等等。样式不只标记视觉层的资讯（什么字体、多大多小），同时也标注一本书的"结构"，也就是章节层次。

少了样式，排版软件输出的电子书档案，全部都只剩下"字"，该是标题的东西，也都打回原形退化成文字，章节层次全都失落了。这样的电子书连半成品都谈不上，得要回头再重做一次"这是章名、这是小标……"的设定。

重做不是难，而是……烦。这些编辑指令前面都已经标示过了，为什么这些标示不能直接传给电子书档，还要从头做一遍呢？这些电脑程式会不会太蠢了呀？

其实电脑是有能力传递编辑指令资讯的，前提是我们要"下正确的指令"。完美的EP同步的核心精神，就是如何把编辑指令，准确地跟文本联结在一起，一路传递给美编，进入排版软件，最后送到任何终端的输出品上。只花一次力气，贯串整个流程。

而现在编辑在发稿作业时已经完成的事，不断在流程中丧失，以致工作成果无法自动传递，必须逐章、逐节对每个标题、内文一一重建样式。这是现在我们面临的问题。

现在且让我们更深入编辑工作的现场，看看问题到底是在哪一刻发生的。

最早我们的编辑指令是用萤光笔注记的。红色画线是大标,请走十六级粗明;绿色画线是小标,走十二级粗黑;剩下是内文,请走十点五级中明……(现在我们还有人这么做,尽管作者译者交来的都是电子档,我们还是先印出来,用各色萤光、签字笔标记编辑的想法,再交给美编排版处理)。

接下来先进一点的编辑部就不再列印稿件了,他们直接在电子档上加注,像这样:

■■■这是大标,请走十六级粗明■■■大标文字大标文字

■■■这是小标,请走十二级粗黑■■■小标文字小标文字

■■■这是内文,请走十点五级中明■■■内文内文内文……

当美编看到文字档上这些黑方块,就知道方块中间是编辑指令,必须套用到方块后面的文字上(并且要记得把方块连指令删除,不要留在排版档上)。

这样我们终于发现了问题。原来所有这些方法都只是语言层次的沟通，而不是资讯交换层次的沟通。

语言沟通是让工作者了解你，把你的要求，一项一项做完；资讯交换的沟通是让程式了解你，直接读取，在一秒内完成你要做的事。

这就是编辑指令传递的第一个断点，因为编辑使用自然语言，无法跟程序沟通，必须靠美编手动。

第二个断点则发生在美编排版时。

许多美编排版时，只在"视觉层"处理样式，没有在"结构层"设定章节大纲（这意思是说，我们只对不同文字设了字体级数行间，而没有在结构上定义这是大标、这是章名、这是内文……）。这当然是编辑在前端就没有要求用样式排版的缘故。

用样式排版是数字排版的标准作业方法，对排版效率、风格维持都有重要价值（而且还可以省钱），现在我们则知道了，用样式排版更是EP同步的关键。只有用样式排版，才有办法储存前端已经设定的样式资讯,并且在后端向下传递出去。

为什么"EP同步"看起来这么难?因为这是一个跨专业的问题,一边是编辑的专业,一边是专业排版的专业,而且你还需要知道这两个领域实际工作的细节,并理解那些工作背后为什么要那么做的原理。

找到了问题,我们就找到了答案。很意外地,EP同步的问题看起来很难,但解决的方法却出乎意料地简单。我会在后面会谈到我的解决方法。

为什么"EP同步"其实很简单?

前文分析了"EP同步"为什么好像很困难的原因,我们观察的原因是,我们缺乏彻底使用样式排版的工作流程,使得编辑所下的指令在流程里不断被抛弃,必须不断重建。

所以显然,解决方法就是找到一个让编辑指令可以精确地从编辑端,一路传递到底,不会消失的方法。

非常幸运的，这个方法一下就找到了，而且不需要另外开发程序，只要使用现在业界惯用的两个工具就行：Word和InDesign。

流程如下：

原稿：用Word设定样式（需使用Word"样式"功能）。

衔接：进InDesign读入Word档（需选择包含样式）。

排版：用InDesign排版。

输出：InDesign可以输出印刷版，也可以输出包含样式标签的EPUB档。

这个流程最重要的关键就是第一点，一定要设定样式，而且要在Word设定，因为要用"所见即所得"编辑器的话，InDesign只支援持MS Word。主要的好处是，所有工具都是现成的，不需另外开发，直接就可以套进目前的编辑作业里面。如果我们要用现有工具，并且立刻就可执行，这是唯一的方法。

但这个现成方法对EP同步只能做到六十分，还有几个不大不小的缺点有点麻烦：

首先是编辑要先学会设定Word样式，这不是个小工程（你要让全台湾成千上万个编辑都学会，那真的很困难）；第二是学会了样式，实际设定起来也是个琐碎的绣花细活（你要懂得使用一些撇步，才能避免挂一漏万）。

第三，InDesign能读的样式只有一层，所有Word内设定的篇、章、节、内文，不管有几层，到了排版软件，最后都只会剩下一层。这对纸版印刷没影响，但对电子书档就有点麻烦，因为样式毕竟不够完整，你在电子书阅读器展开目次时，可能会是非常长的一串（所幸它们至少标题是标题，内文是内文，不会像前文所说，全部都退化成"字"而已）。

有什么办法能够解决这些问题吗？那就得要让文稿全面地XML化，直接把文稿作成"结构语意完整"的XML文件，才会是真正的解答。

第五章 "阅读行为"的数字思考

无论媒体如何改变，"阅读"是永恒的，这里是一个传统编辑把过去看纸张的眼光，改成对焦在数字环境的结果。新媒体虽然有新特色，但仍然同样可以用编辑的眼光来衡量。

"时序"网站的力量及其不满

用时间顺序来决定首页内容的"时序"网站，现在是网络世界的主宰。

新闻网、博客、论坛、共享书签、购物频道，每个地方的首页都是时间排序的：最新消息、最近发表、刚刚上市等，甚至以百科知识做诉求的维基百科，也要在首页播放新闻，争取眼球。

更推波助澜的是，连搜寻引擎也认为更新频繁的首页，才是有活力的网站。而长年不更新的网站，则被许多人视为是死的、缺乏维护的，没有浏览价值。这样的虚拟世界，跟我熟悉的纸质书世界大不相同。纸质书世界特别尊重经典，那些经历一千年没有人能更易一个字的古籍，通常也最受推崇。

这当然是两种媒体的性格差异。纸质书是"作品"，每个人从作者到编辑，无不希望手上推出的作品完整无瑕，很少有人愿意用Beta版模式出书；尤其印刷媒体被制造条件所制约，纸质书不可能边出边改，或者边印边修。网站却不同，现在最热门的网站创业风，就是永远的Beta版，永远未完成，永远改进中。

到底是什么因素造成这种差异，我不很关切，我唯一知道的是，这种差异确确实实地发生了。如今网络上的媒体，绝大部分都得强调更新。资讯要更新，服务要更新，视觉要更新，功能也要更新；不更新读者就消散，不更新网站就衰败。

现在我们偶尔逛到上个世纪九○年代建立的静态网页式网站，总会不由自主兴起好像走过历史遗迹的感觉，心里有些许沧桑。

从这个角度看，为什么这几年博客会大放异彩，也许那个无痛更新首页的便利，可能就在里面扮演了微妙的角色（我知道，当然还有很多别的原因）。

人类喜新厌旧，所以任何可以提供新东西的网站，就成为眼球追逐的地方；人性如此，我们自然无可责怪，然而这个世界毕竟不能只靠新闻就完备。大到国家治理，小到例如，我的博客写作，都不能以追新为唯一任务。然而博客程式最大的特色却不在别的，而正好是追新能力。

最新文章永远在首页自动现身，这是博客的威力，却也是我不满的根源。

我们（好吧，我）架站不是为了发文而发文，而是希望能表达某些知识，汇整成结构化的体系（你别管我这个目的有多么不自量力）。博客程式却在打造知识体系这一点上，特别显得不足。时序网站适合展现时间顺序，但时间顺序却不是逻辑顺序，也不是因果顺序、意义顺序或入门导览顺序。

结果博主如果想做点什么体系，他就必须自行寻找解决办法，用克难方式重组站上文章（例如我这种作法）。克难的程度，几乎跟前面说的"上个世纪九〇年代建立静态网页式网站"的方法也差不了多少。

为什么网上有那么庞大的数字内容，亚马逊、Google还需要大力推动把纸质书内容也送上网络呢？不就是因为网络上时序性的内容比重太高吗？（OK，这句纯属臆测）网络上布满了新闻，而欠缺用十万个字解释一件事的表达能力（而这正是一本低科技的纸质书最常做的事）。

你可以写十万个字解释一件事，但没有人看。不是你的内容不好，而是网络环境无法处理这么庞大文字量的表达，让人愿意耐心看下去。我们一天可能浏览一百个网站，看过五万字文章，但是我们就是没办法只在一个网站上读完十万字。

网络环境给了我们快速发布单篇文章的能力，但却无法给我们"用十万字说一件事"的机会。这是我的不满（足）。

也许我不该不满,因为纸质书可能可以因此而存活?

傻瓜界面的力量:MOD vs.有线电视

奥运前不久,"中华电信"的电话行销业务打电话来推销MOD,看在各种赠品和第一年特价的份上,我很爽快地答应了。

不过装了MOD我却没怎么看,转眼奥运就过了。这几天我忽然警觉起来,虽然有优惠,MOD还是要花钱的,至少频宽月费比以前多,如果看没够本那不是白装了吗?

趁着周末来看个电影吧。在首页(对,MOD电视屏幕上有个首页)主选单先选"电影",然后再选"本周推荐",再点下去就有点苦恼了,选单上总共列了好几种选项:

* 院线同步

* 强力推荐

* 首播电影

* 本周新片

* 周末电影

可是我实在看不出这些选项有什么差别,哪个选项点下去会出现什么片种也没有任何线索。我喜欢看的科幻片会在哪个选项下呢?不知道。

我唯一能做的,就是一个选单换过一个选单,耐心地切进去看里头到底有什么影片可选。而事实上即使看到片单了,我也很难确定那部片子我会不会喜欢。

所以在MOD上选片还蛮辛苦的:进入选单,选有趣的片名,看预告,不满意跳回上层,再过滤再选,如果有哪一片觉得还不错,我得另外用笔抄下来。不是抄片名,而是记下路径。

因为我得把本周推荐的五个选项都过滤过,才能知道接下来我应该好整以暇地开始看哪一部。如果路径没记下来,你要再找到刚刚觉得不错的那部,那可又有得找了(到底是在首播电影还是强力推荐里面呢?)。

太座大人也有类似的苦恼。她在MOD上上下下数百种的选单里发现有空中英语教室，非常高兴，很认真地看了本周的基础和进阶两个课程。然后第二天早上我听到她坐在电视前唠叨：奇怪，昨天明明有看到空中英语教室，怎么现在又不见了。

我看她翻了好几层选单，最后跟我一样找了一支笔，把节目的路径记下来。你猜怎么着？原来藏在"好康福利区"里面。

用MOD的选单选节目，实在是个充满挫折的过程。所以虽然我常常觉得应该多看一点免得不够本，但四个月总结下来，我看有线台的时间，远远超过MOD十倍以上。

有线台的频道虽然也将近百种，但我家电视可以先把购物台（有利菁那种）、幼幼台（有水蜜桃姊姊那种）、股市台（有摔笔老师那种）等等不想看的隐藏起来，遥控器按一轮下来大概只剩（知识类、日本台、新闻台、洋片台等）十几台。全部按一遍一点也不伤脑筋，当下有什么好看，一下就可以决定。

所以尽管MOD随选电视有那么多有趣或独特的节目，对一个下班回家，只想当"沙发马铃薯"，懒得花力气寻找节目的观众而言，MOD的多层、难理解、缺少线索提示的选单系统，实在是个莫大的接近障碍。

这时候有线电视频道的轮播傻瓜界面，看起来就充满了易用性的价值。你只要按按按，完全不需额外思考，所有你保留的频道，最后一定会经过你眼前，供你浏览，绝无遗漏。过程中你还可以继续筛选，让你的保留频道成为最合意的内容精华入口。

当然我的关切不在于如何增进MOD界面的使用者体验。我心里想的是网络。大部分入口性质网站几乎都可以在MOD vs.有线电视的对比里，思考傻瓜界面的力量。

网上世界的超链结结构，显然跟MOD的多层选单系统非常接近，会不会是这个缘故（选单对内容提示太少），因此我们在大部分网站，都缺乏一层一层往复点选追查内容的耐性呢？

那么又有没有任何网站，可以让我们体验到像看第四台一样的使用体验呢？用遥控器按按按，就可以一路看下去，不必伤脑筋到底要选择哪一个选项，也不必犹豫下一站不知道到底要点往哪里去。

我倒是知道有个非常棒、充分利用"傻瓜界面"、可以留得住我的浏览时间的网络服务。

你也知道有任何网络服务也充分利用"傻瓜界面"的力量的吗？

挖猫沙与"免换页的阅读界面"

挖猫沙是我每天的例行任务。四只小猫每天在两盆猫沙中方便，屎尿入盆，猫沙凝结成团，我的工作就是把那一团团凝结物捞出来，包入旧报纸，丢进垃圾桶。

挖猫沙之前要先铺报纸，铺完报纸我不小心就会瞄到几则让人感兴趣的旧新闻。新闻旧归旧，只要吸引人，当然还是会让人埋头看下去。所以我挖猫沙的时间，常常有一半花在看报纸上。

太座大人很不满：报纸刚买的时候你不仔细看，反而在挖猫沙的时候才慢慢看。

这实在很冤枉。整份报纸，大量资讯一股脑涌入的时候，我们用扫描模式过滤，到处遗漏势不可免。等到单张报纸摆在眼前，你没有大量资讯排队催促你赶快扫描，这时候你会看到的东西当然比以前要多。

但我觉得更有趣的事情是，我重新发现了大版面报纸的资讯浏览效率。

平铺在地上的报纸，我几乎只需要一撇眼就能把标题扫读完毕，然后快速决定要读哪一条新闻，完全不像网页的阅读体验——在入口网页上，我通常很迟疑，单凭标题所得，很难判断值不值得点阅下去。而在摊平的报纸上，我一点也感受不到这些迟疑。

在入口站上，点入标题杀人法的页面，经常会让人暗咒一声，还要再按键盘重回上一页，来回一遍虽然可能多花不了十几秒，但终究让人培养出点击标题链结的谨慎。而在摊平报纸上，这种谨慎几乎是不存在的。

"免换页的阅读界面"让我更愿意信任标题，阅读内文，而需要换页耗费上网时间的入口站，则让我对标题抱持更多警戒，不愿轻易点击。

你会不会也有类似的阅读体验呢？

停止购买实体报纸两月记

停止购买实体报纸已经两个月了，两个月来发觉自己的读报行为确实有明显的变化，对两种媒体的差别也有一点体会，简单摘要心得如下：

一、网上新闻的吸引力跟取得成本无关

取得线上新闻表面上没有边际成本（不论有没有读，或读多少，我的宽频月费都不会因而增减），但零成本不代表我们会采取两百九十九元吃到饱的策略，把当日新闻全部都抓出来读。根据我的经验，如果新闻只有标题，而没有执笔者署名，我在网上点击阅读的动力，相较于手持实体报纸愿意看完内容的比例，大约只剩下十分之一。

换句话说，同样的内容，在实体报上我会看十条，而在线上差不多只看完一条。再换句话说，这两个月我看新闻的数量急速萎缩（而生活似乎变得较轻松了，苦笑）。

文章品质"可否预期"成为最重要的点击动力，大部分时候，我更信赖具名作者（主笔、记者），而忽略条列式新闻。所以我不能说新闻的吸引力跟取得成本无关，而应该说新闻吸引力跟我们预期会付出的时间成本有关（会不会浪费时间读到无聊新闻）。

二、整个社会的共同关切，成为寻找新闻来源的重要价值

我试过入口网站的新闻汇整，也固定上报纸网站读取新闻，不过当我想快速掌握本日重要议题，我习惯Google的自动新闻。在那里你可以随时知道全台湾，甚至全世界所有中文媒体共同关切的议题。

而且因为那是用演算法自动判断的热门新闻，因此你不会被

单一观点的意识形态左右。更有趣的是那里有左中右，大中小，海内外，敌人和同志……所有媒体混在一起。可说是全世界最平衡的平衡报导。只要事件有够多媒体报导，它就一定会出现。

演算法的力量在这里特别显得威力非凡。

三、新闻在实体版面的视觉相关性在网上消失

在实体版面上，许多重要消息都以专题方式呈现，有头条，有幕后，有解析，有正反并陈，有新闻辞典或图表搭配，他们整合在一个相邻的页面空间。你可以在视觉上一眼明白各条新闻的关联程度。但这种关联在网页上通常都消失了。

在新闻网站的首页，这一条和那一条的关联并不像纸版面那么显而易见，他们可能非常相关，也可能完全无关。此外许多直接从纸版继承而来的标题，读起来也会令人困扰（因为那些标题通常假设你已经看完印在隔壁的头条）。我猜这也是我的网上新闻阅读量减少的另一个原因。

四、实体报纸有一个网上媒体从未出现的易用性

实体报纸拿在手上，一版一版翻读过去，视觉动线有点像是线性的，网上阅读则不然，点入文章，读完再回到首页，阅读动线是往复式的。这种差别的心理影响是，读报纸我很容易明白我读到哪里，还有多少，读完没有。

实体报纸有一个线上媒体从未出现的易用性，那就是"翻完读完"的傻瓜式读者体验。一路翻开版面，所有新闻都在眼前，你不看的通常是你确定要略过的，而线上媒体则缺乏这种线索，因为动线太复杂，所以大部分类别我们几乎都不想点开。

于是在实体报上，我很容易"顺便"读到一向会忽略的有趣新闻，而在新闻网站上，这种机会则大为减少。

五、靠编辑守门和自己守门

传统报纸编辑是守门人，他们选择过滤哪些新闻可以印在版面上，但在网络时代，我发觉我竟然更依赖演算法和某些社会性网站的书签推荐。此外，网络上作者的品牌价值对我而言远超

过媒体，即使就在新闻网站上，我也情愿寻找作者而不是寻找频道。

结果我现在阅读的文字，来自博客的内容远远超过来自新闻网站。那些是一个人必须自力救济、自己做守门人（自己决定要看到什么）的时候，不得已的策略，因为相信作者，比相信频道更有机会看到好内容。

因此愈是在这个网络信息超量轰炸的时代，我们愈需要更能够臆测我们需求的聪明守门人，无论是演算法，或者一个眼光敏锐的网摘博主。

晚报的翻身与事件追踪序列

过去实体晚报是靠股市支撑的，晚报的发行量比日报低得多，晚报的形象也无法跟日报相提并论，晚报的头版比日报辛辣，股市篇幅至少占一半。然而在新闻网站上，类似"今日晚报"那样的注记，却开始有了全新的魅力。

现在如果在网上新闻上看到新闻注明"晚报"字样，总让我觉得更有一睹为快的冲动。显然"最新消息"引人关切的程度，已经大大超越我们过去对"晚报"的刻板印象。

还在不久以前，晚报是报社的赔钱货，台湾岛内的"中时晚报"和"联合晚报"一度讨论过合并议题，最后"中晚"却是以直接停刊而收场。现在当我们不再计较新闻从哪个报社来，时效性显然就让晚报重新翻身了。

各报新闻首页过去还坚持只放当天印在报纸上的头条，现在差不多都已经不能如此了，现在他们不只一天更换两次早晚报头条，甚至还可能更新四五次以上。追求最新消息的读者很有可能不断挂在网上，只为了看见随时更新的新闻。

这样彼此增强的正向循环，最后终会迫使新闻站成为尽可能既快且多地提供最新消息的网站，无法再固守日报或晚报的区隔。因为读者并不介意新闻来自日报或晚报记者，读者介意的是，你有没有不断地给我最新消息。

不过身为读者，纯粹的时间排序新闻仍然无法让人完全满意。纯粹的时间排序，对于意义或脉络是个讨厌的伤害。我们真正关切的其实是"某些事"的最新情况，而不是"所有"事的新发展无差别地全部送上眼前。

例如以目前新闻站的新闻表现来说，最让人满意的大概就数王建民出场时的"文字直播"服务了。这个单一事件的即时准确追踪，让任何球迷都会自动报到，远比大分类、分版的新闻更新更让人专注。

可惜这样的例子不多，除了超级事件（地震啦，大选啦），现有的新闻网站对于满足我们对某则新闻的后续关切，仍然相当欠缺。

这让我想起中国古代史书的写作体例。从司马迁的纪传体，变化出司马光的编年体，然后又衍生出袁枢的纪事本末体一样，以事件为核心的表达方式，对于理解世界具有强大的魅力。由于新闻网站在更新和链结上的优势，事件追踪序列实在是非常值得思考的新闻模式。

事件追踪序列不只是某些关键字的Google Alerts订阅，而是真正该事件的最新进展。

在我的想象里，新闻网站应该有一个"个人化设定"的边栏空间，容许任意（或已登入）读者，把任何当日新闻加入"我要追踪这条新闻"的列表里面。读者第二次进入网站，就可以在边栏列表看见他想追踪的新闻，有无后续新闻进来。

这个跟新闻专题也不太一样。专题通常只针对重大事件，那是编辑部发起的，对小型分众型的事件缺乏照应。

一个读者可以指定我要追踪哪个新闻的网站，尽管没有公民记者，但仍然会充满迷人的WEB2.0色彩，你会很容易看到哪些新闻最受读者关切，希望看到后续发展。

这可能比单纯的点阅数字更有价值，毕竟我们虽然常常忍不住偷点色腥，但那并不表示我们觉得那种新闻很重要。

长尾长，长尾棒，长尾需要好国王：时间性长尾的价值

暑假快到了，博客后台开始有一种关键字逐渐多了起来：出行打包。

顺着逆向链结查回去，原来敝站的这篇文章"出行打包行李检查表：TiddlyWiki妙用"，竟然是两大搜寻引擎查询"出行打包"时的双料冠军。用阿姑的流量分析查询这篇文章发表以来的浏览情况，可参见下页"Google流量分析图"。

咦？看起来就是一个完美的长尾曲线嘛。

发文第一周点阅数字是1621次，占全部流量的20%。即使累计到前四周，共2483次（1621加452加234加176），也只占总流量的30%。其他的七成流量，全部来自后续十三个月逐月逐日的累积，平均每周约只有八十次点阅（五月以后，随着暑假效应，查询人次则跳升到每周130次）。

让我们温习一下安德生的长尾理论，他说："我们的文化和经济，正逐日从关注销售曲线头部、那些种类较少的主流畅销品，转向尾部那些数量惊人的利基品。"有个典型的长尾图如下：

上面两个曲线看起来是不是很像呢？当年安德生推出长尾理论，争议就一直很大，其中最重要的原因，是他用亚马逊书店的销售品项数字，作为长尾证据，最后却证明尾部商品的销售比重，并不如他当初宣称的那么高。

长尾理论之所以让人惊艳，主要原因是数字世界理论上确实拥有无限制的商品上架空间，因此"理论上"虚拟商店可以做尽所有可能的生意。可惜亚马逊尽管是"全世界最大的书店"，但毕竟店里卖的仍然是一本一本的实体书。实体书造成的库存困难（包括量多困难和缺书困难），让亚马逊无法拥有长尾理论所允诺的梦幻销售。

然而在博客的点阅数字上，我们却看到了长尾的完美模型。

在上面提供的两张图表中，如果仔细瞧，应该会看到两个横轴所定的类别大不相同。第一张点阅分析的横轴是时间（周），第二张原始理论的横轴则是商品项。

要在商店里增加商品项，即使是虚拟商店，任何增加都需要成本，你需要采购人员投注关注力，你需要确保货源稳定，你需要随时注意库存变动、机动补货，你需要货架空间，而随着货架空间成长，你的理货成本会惊人地大增。

增加时间却完全不同。

在博客里增加时间并不花成本（当然，除非你是自行架站的站长），而且你想要不增加都办不到。随着时间增加，理论上任何文章都可以日复一日提升点阅数字。唯一需要注意的事情是，所有这些可能存在的原因，就是搜寻引擎。

因此只有在某个关键字的查询结果排序在前的文章，才可能取得时间的长尾效益。如何让查询结果排序在前，我所知道唯一可靠的方法，就是写出好文章，写出具有经典价值、值得引述、不会随时间而衰减价值的好文章。

而当我们像念经一样自我安慰"内容是王"的时候，时间的长尾效应，则向我们证明了内容是王的真实模样。

时间的长尾，远比商品项的长尾更有威力，因为时间催人老，它滴答滴答地走，你想挡也挡不了。时间是自动的，在你感叹光阴飞逝的同时，它也为你的好文章注入了不断增生的点阅数字。而你除了皱纹，并不多花任何代价。

如果你的博客希望拥有时间长尾的效益，以下是应该注意的事情：

1. 请注意文章被引用、传述的价值（不然在关键字查询中也很难让读者找到）；

2. 请注意文章的恒久价值（不然时间效益也不持久）；

3. 请注意这是长期的坚持，时间效应需要时间才能显现威力。你不能指望写好文章的第二天就看见长尾的价值。

图书在版编目（CIP）数据

数字出版与长尾理论/陈颖青著. —北京：华夏出版社，2013.10
ISBN 978-7-5080-7455-9

Ⅰ．①数… Ⅱ．①陈… Ⅲ．①电子出版物－介绍－中国 Ⅳ．①G255.75

中国版本图书馆 CIP 数据核字(2013)第 012783 号

本书由台北城邦文化事业股份有限公司猫头鹰出版事业部授权，华夏出版社取得中文简体版出版发行权。未经出版者书面允许，不得以任何方式复制或抄袭本书内容。

版权所有　翻印必究
北京市版权局著作权合同登记号：图字 01-2011-0320

数字出版与长尾理论

作　　者	陈颖青
责任编辑	李欣利
出版发行	华夏出版社
经　　销	新华书店
印　　刷	三河市李旗庄少明印装厂
装　　订	三河市李旗庄少明印装厂
版　　次	2013 年 10 月北京第 1 版 2013 年 10 月北京第 1 次印刷
开　　本	880×1230　1/32 开
印　　张	5.25
字　　数	70 千字
插　　页	1
定　　价	25.00 元

华夏出版社　地址：北京市东直门外香河园北里 4 号　邮编：100028
电话：（010）64663331（转）　网址：www.hxph.com.cn
若发现本版图书有印装质量问题，请与我社营销中心联系调换。